DISCARD

TRUCOS
PARA SU JARDÍN
Y MACETAS

TRUCOS PARA SU JARDÍN Y MACETAS

Rodríguez Rojas

Copyright © EDIMAT LIBROS, S. A.
C/ Primavera, 35
Polígono Industrial El Malvar
28500 Arganda del Rey
MADRID-ESPAÑA

ISBN: 84-9764-520-0
Depósito legal: M-1071-2005

Colección: Trucos
Título: Trucos para su jardín y macetas
Autor: Rodríguez Rojas
Corrección: F.M. Letras
Concepción gráfica: CKR Diseño

Diseño de cubierta: Alexandre Lourdel
Impreso en: COFÁS

IMPRESO EN ESPAÑA – *PRINTED IN SPAIN*

ÍNDICE

INTRODUCCIÓN

Las plantas, al igual que cualquier otro ser vivo, requieren un cuidado totalmente personalizado, incluso aquellas que pertenecen a la misma familia. Aunque existen normas generalizadas que nos permiten cuidar un amplio y variado jardín doméstico, no hay nada que pueda ser útil para todas, ni nada que pueda ser inofensivo para la mayoría. Incluso el agua, tan necesaria, vital y aparentemente inocua, puede arruinar por exceso a algunas especies y a otras secarlas por defecto. Y eso mismo lo decimos para el sol, ese astro que puede hacer que una determinada planta adquiera el color de hoja más bello, mientras que unos cortos y minúsculos rayos pueden quemar a otra.

Ya está claro que cada una de ellas requiere cuidados diferentes, pero si, además, tenemos en cuenta las grandes diferencias que existen entre las plantas de interior con las que soportan las temperaturas del exterior, muchos son los detalles que hemos de aprender para que tanto nuestro balcón como las plantas de interior tengan un aspecto saludable.

Hay tantas causas que pueden hacer que nuestras plantas no presenten un buen aspecto, con un bonito color en sus hojas y unas hermosas flores en primavera que denoten un esmerado cuidado, que se necesitarían varios manuales prácticos como este para abarcar todo lo que el aficionado necesita saber para ejercer como buen médico de sus propias plantas. No obstante, en este libro se ha procurado resumir los conocimientos más elementales y necesarios que todo buen aficionado debería poseer para lograr, mediante algunos trucos, tener unas bellas y sanas plantas en su jardín y macetas.

01

LAS PLANTAS DE INTERIOR

Las plantas de interior son aquellas que no soportan las inclemencias del tiempo y que puestas en el exterior morirían. Los invernaderos o el interior de las casas son los lugares idóneos para ellas, mientras que la luz, el riego adecuado y los fertilizantes son sus mejores aliados.

CUIDADOS Y CONSERVACIÓN

Las plantas se desarrollan en dos medios diferentes: la tierra y la atmósfera, por lo que se ven afectadas por las condiciones de ambos, y aunque tanto en un medio como en otro tienen unas exigencias generales, cuanto más se alejen de las condiciones ideales, peor aspecto tendrá la planta, llegando incluso a declararse manifestaciones que pueden confundirse con alguna plaga o enfermedad. Estas alteraciones se las conoce con el nombre de «enfermedades fisiológicas».

Se consideran esenciales para las plantas los dieciséis elementos siguientes: carbono, oxígeno, hidrógeno, nitrógeno, fósforo, potasio, calcio, magnesio, azufre, hierro, manganeso, cinc, cobre, molibdeno, boro y cloro. Todos ellos son igualmente necesarios para las plantas, variando únicamente las cantidades que son utilizadas por ellas. El carbono, oxígeno e hidrógeno lo toman del aire y del agua, siendo los otros trece suministrados por el suelo. Estos dieciséis elementos se pueden reunir en tres grupos:

1. Elementos que necesitan las plantas en cantidades relativamente grandes y que con frecuencia escasean en el suelo: nitrógeno, fósforo y potasio.

2. Elementos que también consumen las plantas en cantidades relativamente grandes, pero cuya escasez en el suelo no suele ser tan frecuente: calcio, magnesio y azufre.

3. Elementos también muy necesarios para la planta, pero en cantidades muy pequeñas: hierro, manganeso, cinc, cobre, molibdeno, boro y cloro.

Los efectos que producen en la planta los elementos del primer grupo, se pueden resumir así:

Nitrógeno
Rápido crecimiento y mejora de la calidad y cantidad de las hojas, debido a que participa en la composición de las más importantes sustancias orgánicas (clorofila, aminoácidos, proteínas, etc.), las cuales sirven de base para los procesos que rigen el desarrollo, crecimiento y multiplicación.

Fósforo
Estimula el desarrollo precoz de la raíz y el crecimiento de la planta. Le da una mayor resistencia para soportar condiciones adversas. Acelera la floración y fructificación.

Potasio
Este elemento ayuda a la planta a que el nitrógeno que toma lo pueda asimilar. De tal manera es importante, que si no existiese en el suelo dicho elemento, de nada serviría la presencia (aun en grandes cantidades) del nitrógeno.

En la actualidad es fácil conseguir una fertilización adecuada, con los múltiples complejos que existen en el mercado. El aporte de nitrógeno, fósforo y potasio se puede realizar de una forma equilibrada en la primavera, o varias veces a lo largo del año, según el tipo de planta y forma de cultivo de que se trate. Los abonos más indicados son aquellos solubles que no dejan concentraciones de sales y que presentan una combinación correcta de estos tres elementos. El abono foliar es el que se aplica directamente sobre las hojas mediante pulverizaciones que suelen ir unidas a insecticidas y fungicidas. Su aplicación es cómoda y la respuesta de la planta es inmediata.

Un nuevo sistema ya empleado en algunos países es la aplicación para maceta de abonos de descomposición lenta, por lo que aplicándolos una sola vez duran hasta doce meses, debido a su progresiva degradación. Esto ha supuesto una revolución en este tipo de mercado, ya que evita las posibles carencias a lo largo de una estación, manteniendo un nivel adecuado de fertilización.

Los síntomas de la deficiencia de un nutriente suelen aparecer como clorosis en las hojas, por lo que se pueden detectar con mayor o menor facilidad el elemento del que se trata. Respecto a las deficiencias de los elementos del primer grupo, se pueden resumir:

Falta de nitrógeno
Lento crecimiento de la planta, con pérdida uniforme del color verde de las hojas, y un tono amarillento que comienza en las hojas inferiores y más viejas, avanzando desde el ápice hasta la base.

Falta de fósforo
Tamaño reducido de la planta, con un desarrollo lento. Pero al contrario que en el caso anterior, las hojas adquieren un color verde muy fuerte y ocasionalmente aparecen tintes purpúreos en diversas partes de las hojas, tallo y ramas. La planta tiene una floración escasa y de inferior tamaño.

Falta de potasio

También se reduce el crecimiento. Amarillean los márgenes de las hojas y en algunos casos aparece un moteado en ellas. Los tallos se vuelven débiles, teniendo la planta menor vigor y resistencia al frío y enfermedades. En general se puede decir que, cuando estos síntomas se hacen patentes, la falta de potasio es ya muy grave.

Respecto al resto de los elementos (los agrupados en el tercer grupo), cada vez es más frecuente la aparición de síntomas de carencias de alguno o varios de dichos elementos. Son dos, fundamentalmente, las causas por las que se producen estas deficiencias: una, por no existir en el suelo la cantidad suficiente o, si existe, no se encuentra en forma asimilable o útil para la planta, debido a condiciones anormales del suelo (acidez, salinidad, etc.). Dos, carencia de otro elemento (como en el caso del nitrógeno y potasio citado anteriormente), impidiendo que la planta lo pueda absorber del suelo. De todas formas en este caso las deficiencias no suelen ser de un solo elemento, sino de varios al mismo tiempo.

Una ayuda a la hora de hacer un diagnóstico podría ser la siguiente descripción:

Falta de calcio

Coloración verde oscura y caída prematura de los brotes. Esta deficiencia no es muy corriente, sólo se produce en suelos muy ácidos.

Falta de magnesio

Pérdida del color verde de las hojas a lo largo de los nervios, sobre todo en las hojas viejas, y retorcimiento de las mismas.

Falta de azufre

Color verde amarillento de las hojas jóvenes y especialmente a lo largo de los nervios. Crecimiento débil y lento. Tallos cortos y pobres.

Falta de cinc

Crecimiento reducido, con hojas terminales menores y yemas de escaso vigor. Hojas con manchas amarillas y necróticas. Entrenudos cortos.

Falta de hierro

Las hojas amarillean entre los nervios, apareciendo los síntomas primero en hojas jóvenes. La causa de esta deficiencia suele ser un exceso de cal, cinc, cobre o manganeso, que afecta a la asimilación del hierro.

Falta de manganeso

Aparición de un color amarillo rojizo entre los nervios de las hojas.

Falta de boro

Esta deficiencia se manifiesta generalmente por el cese del crecimiento. Las hojas más jóvenes dejan de crecer y se secan, lo mismo que la yema terminal.

Falta de molibdeno

Elemento imprescindible para la utilización del nitrógeno que necesita la planta. Su escasez se manifiesta porque la planta adquiere un tono amarillento como si necesitase nitrógeno. Escasea sólo en suelos ácidos.

Falta de cobre

Los síntomas son muy variados, según la planta, y bastante difíciles de determinar si no es por medio de análisis.

Como hemos podido observar, en muchos casos las carencias se deben a condiciones anormales del suelo y no a la escasez de un nutriente, por lo que recomendamos evitar y corregir estos defectos (acidez, exceso de cal, salinidad, pobreza en materia orgánica, etc.). Si después de haber corregido estos defectos continúan los síntomas, es cuando se deberá recurrir a aplicaciones del elemento que interese. De todas formas, el empleo de fertilizantes completos que contengan todos los elementos nutritivos es muy corriente, por lo que, cuidando la calidad del suelo y abonando regularmente con cualquier complejo fertilizante, no suele ser muy corriente la aparición de estos tipos de síntomas.

ALGUNAS PLANTAS DE MAYOR USO

Aechmea fasciata (*Bromelia fasciata*)

Originaria de las selvas de Brasil, pertenece a la familia de las bromeliáceas. Existen diferentes especies dentro de este género, como la *Aechmea fulgens*, *Aechmea rhodcysnea*, siendo una de las más difundidas la *Aechmea fasciata*.

La aechmea tiene hojas largas de 30 a 50 cm longitud, rígidas, de color verde grisáceo con bandas transversales en gris plateado. Esta planta sólo florece transcurridos dos o tres años desde su planta ción y lo hace mediante un pedúnculo robusto que sale desde su roseta central, con una inflorescencia, característica en toda la familia, en este caso de color azul. Las pequeñas flores azules tienen muy corta vida; sin embargo, brotan rodeadas de unas brácteas rígidas de color rosa que suelen durar varios meses. Este tallo floral puede alcanzar los 40 cm.

Cuidados:

▸ Al tener su procedencia en las selvas tropicales necesita mucho calor, sobre todo en verano, período de plena vegetación para ella; vive mejor si el termómetro sube por encima de los 25°. Debe estar colocada en un lugar muy iluminado, donde no reciba los rayos del sol directamente. En invierno se adapta fácilmente a la temperatura de la casa, siempre que se la mantenga en una zona de luz y la temperatura no baje de los 15 °C.

▸ Característica general de toda esta familia es su forma de absorber el agua, ya que lo hace a través de la cara superior de las hojas, acumulándolo durante largos períodos en el rosetón central.

▸ Durante el verano, además de mantener la roseta siempre con agua, se le debe humedecer también la tierra. En el invierno, durante su período de reposo, los riegos deben disminuir, no poniendo agua en el rosetón central, pero tratando de evitar que quede completamente seca.

▸ El agua que pasa al posatiestos después del riego debe ser retirada, ya que las raíces encharcadas se pudrirían en seguida.

▸ Necesita un agua suave, mejor aún si se trata de agua de lluvia, pero le perjudica el agua calcárea, la cual va formando una capa sobre sus hojas que impide que la planta absorba el agua depositada en su rosetón central.

▸ Las hojas necesitan estar siempre limpias, pues esto le ayudará a tomar el agua con menos dificultad.

▸ Dada la forma que tiene de absorber el agua, y no haciéndolo a través de la tierra, no es una planta que necesite ser abonada; sin embargo, se recomienda una pequeña cantidad, una vez al mes, durante el período de floración.

▸ No es una planta que necesite trasplantes periódicos, solamente cuando la tierra esté muy empobrecida. Lo que sí conviene es añadirle un poco de tierra nueva rica en mantillo ligero y humus todos los años.

▸ Se multiplica a través de los vástagos que le brotan en la base de la planta, no cortándolos hasta que la planta madre se haya marchitado. De esta forma será más fácil que agarren, pues si se cortan demasiado pronto serán aún demasiado jóvenes.

Enfermedades:

▸ Si descubre que las hojas y el tallo comienzan a marchitarse, compruebe si la tierra está demasiado húmeda al tacto. Si así fuera, vacíe totalmente el rosetón central y deje que la tierra se seque.

▸ ¡Ojo!: si su estado es muy avanzado, tendrá difícil solución.

▸ Si terminada la floración las brácteas de color rosa comienzan a marchitarse, puede deberse a una exposición directa al sol. Si ha sido así, la planta se ha deshidratado; riegue abundantemente dejando que el agua sobrante drene por toda la maceta.

Ananas jaspeado (*Ananas comosus variegatus*)

Originaria de Brasil, pertenece a la familia de las bromeliáceas, pero a diferencia de casi toda las de esta familia, ésta no es una planta epífita, sino terrestre. Es decir, no se alimenta sólo a través del rosetón central, como hace la mayoría, sino absorbiendo los nutrientes a través de las raíces.

Es una planta muy decorativa, con hojas estrechas, dentadas a ambos lados, ligeramente curvadas, pudiendo llegar a medir 60 cm. Su color oscila entre el verde y el gris, con los bordes entre el blanco y el amarillo.

Todas sus hojas parten del centro formando una roseta muy abierta, característica de todas las bromeliáceas.

Cuidados:

▸ Necesita un lugar con luz intensa, pero no expuesta a los rayos del sol. Es una planta que puede pasar el verano al aire libre, logrando incluso, si los cuidados son buenos, que después de la inflorescencia le brote el fruto, una piña en miniatura. Debe estar en una posición abrigada, bien iluminada, y con el mantillo siempre húmedo.

▸ En invierno se cultiva en el interior de la casa, pues no tolera temperaturas inferiores a los 12 °C.

▸ Se debe regar abundantemente en verano, y con menos frecuencia en invierno; añadiendo fertilizantes cada veinte días desde la primavera hasta el verano.

▸ Se reproduce, a través de los vástagos que le brotan en la base de la planta.

Enfermedades:

▸ Si las puntas de las hojas se vuelven marrones, secas y quebradizas, o se marchitan y abarquillan, se debe a un aire demasiado seco. Pulverice la planta a diario y coloque alrededor de la base turba húmeda. Puede haber estado expuesta a una corriente de aire. Compruebe que está en el sitio adecuado.

▸ Si la base de las hojas se vuelve blanda, puede deberse a que esté saturada de agua. Deje secar el abono totalmente, retire los tallos podridos y pulverice la tierra con un fungicida.

Aphelandra Squarrosa (*Afelandra [Louisae]*)

Su origen se centra en las zonas tropicales y subtropicales de América, crece en condiciones cálidas y húmedas. Del centro brotan unas brácteas de color amarillo y puntas de color naranja, de las que más tarde salen flores del mismo color que duran unas tres semanas.

Cuidados:

▸ Durante el verano necesita riegos continuos, pero ausencia de encharcamiento. Si la falta de agua dejara el cepellón completamente seco, sería difícil recuperarla. En invierno los riegos han de ser más espaciados, pero si el ambiente en el que se encuentra es muy seco necesitará pulverizaciones en las hojas.

▸ Desde finales de la primavera a principios de otoño, junto al agua de riego, debemos aplicar fertilizantes cada quince días. Su temperatura ideal está alrededor de los 20°, durante la primavera y el otoño, dejándola descansar el resto del año a una temperatura de 15 °C.

▸ El trasplante ha de realizarse en primavera en tierra con abono de turba, debiendo hacerlo todos los años para su buen crecimiento. Dependiendo de la época del año, podemos colocarla en un lugar u otro, pues en verano admite desde la luz hasta la penumbra y en invierno lugares calientes y claros. Lo que no admite nunca es el sol directo.

Enfermedades:

▸ Una inclinación excesiva de las hojas nos indicaría la falta de agua; compruebe si le falta humedad metiendo el dedo en la tierra hasta unos 5 cm.

‣ Si los bordes de las hojas se vuelven marrones, significa que el aire es demasiado seco. Aumente la humedad colocando un plato con agua y algunos guijarros bajo el tiesto.

‣ Si se le caen las hojas puede deberse a la sequedad del abono. Si comprueba que no es así, puede deberse a que la planta esté situada cerca de un foco de calor.

‣ ¡Ojo!: ésta es una planta sensible a la plaga de las cochinillas, por lo que deberemos observar con frecuencia si hubiera presencia de ellas para tratarlas con el producto adecuado.

Aspidistra (*Aspidistra elatior*)

Esta planta, originaria de China, Japón y el Himalaya oriental, forma parte de una familia de pocas especies, de las cuales la *Aspidistra elatior* es la más divulgada en todas sus variedades.

Es una planta muy resistente y de pocos cuidados, que fue introducida en Europa a finales del siglo XVIII. Tiene hojas en forma de lanza, anchas y de color verde oscuro. No es frecuente que le broten flores, pero si así fuera son de poca importancia, pues lo más atractivo de la planta está en sus hojas.

Cuidados:

‣ Se adapta con facilidad a cualquier clima y temperatura, pero mejora su crecimiento si la ponemos a la luz con una temperatura que oscile sobre los 20 °C.

‣ No necesita ser regada a diario ni siquiera en verano; bastará con riegos cada tres o cuatro días. En invierno se disminuirán aún más, pasando a regarla cada diez días, pero si la temperatura de la casa fuese muy baja ni eso sería necesario. Su periodo de reposo dura desde octubre hasta febrero, no necesitando ser abonada durante estos meses; sin embargo, será necesario añadirle fertilizantes durante el periodo vegetativo haciéndolo una vez al mes.

▸ Su dureza le hace soportar bien los ambientes muy secos, pero crece mucho más bonita si le proporcionamos un ambiente húmedo y limpiamos sus hojas regularmente. Para el trasplante no debemos utilizar un tiesto mucho mayor del que ya tiene, y se usará mantillo universal. La época más conveniente para ello es a principios de primavera o de invierno.

▸ Es muy fácil la multiplicación de está planta, pues bastará con dividir las raíces dejando dos o tres hojas en cada parte y de ahí brotará una nueva planta.

Enfermedades:

▸ Si observa que la planta está débil y sus hojas se vuelven amarillas, puede deberse a que la planta no ha recibido el suficiente agua. Pode todos los tallos débiles y riegue abundantemente.

▸ Si observa bultos blandos de color marrón claro, o duros marrón oscuro, en la parte inferior de los tallos, éstos son insectos de escama que absorben la savia de la planta. Si son pocos, puede rascarlos; pero sin son muchos deberá aplicarle un insecticida al abono.

Aucuba japónica (*Crotonifolia* [hoja de oro])

Esta planta a la que conocemos con el nombre de *Aucuba japónica*, por ser originaria del Japón, la podemos reconocer por sus hojas de forma ovalada, aunque alargadas, de color verde vivo con manchitas de color marfil.

La flor en ella es insignificante, mientras que lo que la hace realmente bella son los racimos de bayas de color rojo brillante que se forman en las plantas femeninas, durante el otoño cuando éstas son adultas.

La aucuba es una planta adaptada para el interior, pero que igualmente la podemos utilizar en nuestros balcones, siempre que no haya heladas, pues soporta bien las bajas temperaturas.

Cuidados:

▸ Dado que no requiere temperaturas altas, si la ponemos en una habitación donde haya calefacción requerirá que coloquemos bajo el tiesto algunos cantos con agua que le proporcionen la humedad que necesita. Si por el contrario la tenemos en un lugar fresco, esto no es necesario.

▸ El riego ha de ser frecuente en verano, manteniendo la tierra húmeda, pero nunca encharcada. Durante este periodo junto con el riego también es necesario abonarla, haciéndolo cada quince o veinte días. En invierno se van distanciando, hasta el punto de dejar la tierra completamente seca.

▸ La aucuba tiene diferentes formas de multiplicación, pudiendo hacerse por semillas, por acodo y por esqueje.

Enfermedades:

▸ Si los bordes de las hojas se ponen marrones y se le caen las hojas, puede deberse a una temperatura elevada de la habitación en la que está. Coloque la planta en un lugar más fresco.

▸ Si le aparecen finas redes blancas sobre las hojas y los tallos, se debe a que la planta ha sido atacada por acáridos de araña roja, los cuales son muy atraídos por el calor. Pulverice la planta con un devastador líquido y repita la operación cada pocos días si no desaparecen.

▸ Cuando las hojas pierden sus jaspeados amarillos se debe a que no recibe la luz suficiente. Colóquela en un lugar más iluminado donde no le dé el sol directamente.

Azalea índica (*Rhododendron simsii*)

Originaria de Asia Oriental y del Cáucaso, pertenece a una familia muy numerosa como consecuencia de los cruces que se han hecho entre aceleas y rododendros, dando lugar a más de mil especies diferentes.

Es una planta de hojas pequeñas y ovaladas de color verde intenso. Sus flores muy numerosas y agrupadas pueden tener los más variados colores, desde el amarillo al naranja, del blanco al violeta, del rosa al rojo, y todos en sus diversas tonalidades.

Cuidados:

▸ La azalea es una planta delicada de difícil cuidado y la que desgraciadamente no podrá conservar mucho tiempo en su casa, pues poco después de adquirirla comienza a perder las flores y a continuación las hojas. No soporta temperaturas superiores a los 15 °C, motivo por el que debemos colocarla en la zona más fresca de la casa, lejos de las fuentes de calor. Aun así, ese corto espacio de tiempo merece la pena, por ser una planta muy decorativa.

▸ Tampoco requiere lugares muy luminosos, pues igualmente el exceso de luz le hace perder pronto las flores.

▸ La planta que podemos comprar en los meses de invierno está forzada en el invernadero, pero si la dejáramos florecer de forma espontánea lo haría hacia el mes de mayo.

▸ Necesita ser regada todos los días para mantener el terreno siempre húmedo, pero retirando el agua que salga del tiesto para no dejar las raíces encharcadas. Si la temperatura de la casa es elevada, este proceso deberemos repetirlo por la noche, pues si dejáramos secar completamente la tierra esto sería suficiente para que comenzara a perder las flores y las hojas. Durante el tiempo de floración al agua de riego le añadiremos fertilizante que suprimiremos cuando finalice este periodo.

▸ Una vez terminado el periodo de floración, los riegos se disminuirán pero manteniendo siempre el terreno húmedo y bien removido. Para mantener la humedad que la planta necesita podemos colocar un plato con agua y unos guijarros bajo el tiesto, pero sin que éste entre en contacto con el agua. Tampoco podemos hacer pulverizaciones para proporcionarle humedad, pues esto es bueno para las hojas pero nefasto para las flores.

▸ Si logra mantenerla, el trasplante se debe hacer hacia el mes de mayo, pasándola a un recipiente un poco mayor con una tierra especial formada por turba, agujas de pino y abeto, y estiércol de caballo bien curado. Otro tipo de tierra no sirve para esta planta, que requiere la tierra que lleva su nombre: mezcla para azaleas.

▸ ¡Ojo!: corte siempre las flores marchitas y vainas de semillas muertas o la planta producirá semillas en vez de flores.

Enfermedades:

▸ Si las flores abiertas se caen rápidamente al igual que las hojas, puede deberse a una temperatura elevada o a un ambiente muy seco. Si la habitación donde se encuentra tiene calefacción, deberá sacarla en seguida de ella, ya que las temperaturas altas matan a la planta. La azalea requiere una temperatura entre 13 ° y 15 °C.

▸ Si el problema no es la temperatura y se debe a la sequedad del ambiente, deberá proporcionarle humedad, imprescindible para la planta durante todo el año.

▸ Si las hojas adquieren una tonalidad amarilla, se debe a que está recibiendo agua con demasiada cal. Riéguela con un agua más suave.

▸ Si la planta pierde su forma simétrica, se debe al natural crecimiento de la planta. Pode los tallos más largos para irle dando la forma deseada.

Begonia (*Begonia*)

Esta planta es originaria de China, India, África y América Latina. Son muchísimas las variedades que existen de begonias en función de su estructura, pero sólo las denominadas fibrosas y rizomatosas están adaptadas para ser plantas de interior.

Perteneciente al primer grupo tenemos la *Begonia semperflorens*, unas de las más conocidas y utilizadas por su prolongada floración. Es una planta pequeña de hojas carnosas de color verde vivo con los bordes rojizos y las pequeñas flores blancas o rosáceas. Debido a los múltiples cruces que se están realizando con esta planta, hay otros muchos híbridos con flores de diferentes colores y de mayor tamaño.

Cuidados:

▸ Se adapta fácilmente al interior de las casas, en lugares bien aireados y luminosos, pero también la podemos tener en balcones o terrazas en las épocas menos frías, siempre que tengamos la precaución de no exponerla al sol directo.

▸ Su temperatura ideal está entre los 15 y los 18 °C y con un ambiente más bien seco. Los riegos se deben hacer durante todo el año pero evitando los estancamientos de agua.

Dentro de la gran variedad que podemos encontrar en el segundo grupo, una de las más conocidas es la *Begonia rex*.

Ésta es una planta de tallos cortos que producen hermosas hojas, siendo éstas lo más atractivo de la planta con sus colores ricos en matices y reflejos, con manchas rojas, verde oliva y gris plateado. Las flores de color blanco o rosado comienzan a brotar entre febrero y abril en pequeñas inflorescencias bastante insignificantes, pues no tienen la belleza de las hojas.

▸ Tiene un buen desarrollo con temperaturas de 20° en verano y entre los 13 y los 16 °C en invierno, siempre que la dejemos en lugares sombreados, pues la perjudica la luz intensa que termina apagando los bonitos colores de sus hojas. Si la temperatura descendiera o el ambiente fuera húmedo, habrá que vigilar el enmohecimiento de la planta, proceso del que sería difícil rescatarla.

▸ Durante todo el periodo vegetativo debe regarse abundantemente, disminuyendo éstos en invierno y sobre todo en el periodo de reposo. Un dato importante en esta planta es que el agua perjudica las hojas, por lo que la mejor forma de riego es sumergiendo el tiesto en un recipiente con agua para que ella lo absorba.

▸ Los trasplantes no necesitan realizarse con frecuencia, pues el crecimiento de esta planta, dado su reducido aparato radicular, es pequeño y bastará con hacerlo cada dos o tres años. Sin embargo, es necesario hacer cambios de tierra en la superficie todos los años.

▶ La multiplicación se realiza por esqueje de hoja, manteniendo durante este proceso una temperatura de 25 ºC.

Enfermedades:

▶ Si sus hojas se abarquillan y los bordes se vuelven marrones, se debe a que la planta está en una habitación con temperatura más alta de la que necesita. Cámbiela a una habitación más fresca, riegue la planta con abono y proporciónela humedad.

▶ Si aparecen redes blancas sobre sus hojas y tallos, se debe a los acáridos de araña roja, atraídos por un ambiente seco. Pulverice la planta con un devastador líquido y repita la operación al cabo de unos días si fuera necesario. El proporcionar humedad a la planta también contribuye a que desaparezcan.

▶ Si es en la época de invierno cuando se le caen las hojas, se debe a una temperatura muy baja. Coloque la planta en una habitación donde el termómetro no baje de los 13 ºC.

▶ Si las hojas aparecen cubiertas de moho gris velloso, se debe a una enfermedad fungosa llamada botritis. Está provocada por un exceso de humedad o de riegos. Deberá ser tratada con un fungicida.

▶ Si se pudre la corona de la planta y los tallos, se debe a un exceso de riego. Si son todos los tallos los que están afectados, no podrá recuperar la planta. Si sólo es una parte, corte la zona afectada y espolvoree la tierra con un polvo fungicida, dejándola secar y reanudando los riegos poco a poco.

Billbergia (*Billbergia*)

Procede de Brasil, Argentina y Méjico, y pertenece a la familia de las bromeliáceas, siendo sus especies más cultivadas la *Billbergia windii*, la *Billbergia vittata* y la *Billbergia nutans*.

Tiene hojas estrechas, coriáceas y acanaladas, de color verde grisáceo, alcanzando una longitud de 50 cm. En pocos años, del tallo central colgante, con una longitud entre 20 y 30 cm, le sale una inflorescencia de pequeñas flores de color verde pálido, con bordes azules, rodeada de brácteas de color rosa que tienen una mayor duración.

Esta planta no es epífita, sino terrestre, cosa poco frecuente en todas las de su especie. Sin embargo, tiene común a ellas su floración, que se produce transcurridos dos o tres años de vida.

Cuidados:

▶ Necesita riegos muy abundantes en verano y con menos frecuencia en invierno, manteniendo una relación directa con la temperatura para que la tierra se mantenga siempre húmeda. El agua drenada después del riego debe retirarse, para evitar el encharcamiento de las raíces, proceso que las pudriría.

▶ Desde principios de primavera a finales del verano debe ser abonada cada veinte días. Se adapta bien al ambiente seco, por lo que no requiere pulverizaciones.

▶ En verano se la puede sacar al exterior, a un lugar bien abrigado e iluminado, pues la temperatura recomendada está en los 16 °C. En invierno se adapta bien al interior de la vivienda, siempre que la temperatura no descienda de los 12 °C.

▶ Se recomienda limpiar frecuentemente sus hojas que, dependiendo de la variedad, serán más anchas o más estrechas.

▶ Debe ser trasplantada cada dos años, después de la floración, haciéndolo con un compuesto ligero, poroso y rico en humus, y en un recipiente más bien grande.

▶ Se multiplica con facilidad a través de los vástagos que le crecen en la base de la planta. Éstos se entierran sin regarlos demasiado hasta que echan raíces; así obtenemos nuevas plantas.

Enfermedades:

▸ Si las puntas de las hojas se vuelven marrones como el papel, se debe a un ambiente demasiado seco, quizá provocado por estar cerca de un radiador. También puede deberse a que esas hojas estén en contacto con la pared, puesto que el yeso de la pared absorbe la humedad de la planta.

▸ Por último, compruebe que la tierra se mantiene húmeda, ya que también puede deberse a una falta de riego.

▸ Si observa que la planta no crece, y sus hojas se encuentran apagadas y pálidas, esto se debe a falta de luz. Coloque la planta más cerca de una ventana, donde reciba mayor cantidad de luz.

Calathea (*Calathea* [Maranta de cesto])

Es originaria de Brasil y pertenece a una familia de cerca de 130 especies. De ellas las más cultivadas son: *Calathea picturata*, *Calathea insignis* y *Calathea legeliana*. No existen demasiadas diferencias entre ellas, salvo el tamaño de sus hojas y sus colores.

Tiene hojas de pecíolo muy largo, ovaladas y muy sedosas. Sus colores, según la especie, pueden ser gris plateado o verde con manchas rosas, así como rojas con diversos matices.

Cuidados:

▸ Es una planta de difícil cultivo; por ese motivo, si en ella apareciesen flores, lo cual no es probable, al no ser importantes es mejor cortarlas, para que la planta no derroche energía en ellas.

▸ Requiere sitios sombreados, totalmente apartados de los rayos del sol, con una temperatura entre los 22 y los 25 °C, que no sufra cambios bruscos y donde no le den las corrientes de aire.

▸ Sus necesidades de agua son frecuentes y abundantes, pero que nunca se llegue al estancamiento, sobre todo en sus raíces. Para que esto no ocurra, necesitará un tiesto con un buen drenaje y colocaremos en el fondo una serie de guijarros que se lo faciliten. Al agua de riego debemos añadir fertilizante cada veinte días aproximadamente.

▸ Durante la época de reposo, en invierno, los riegos deben disminuir casi en su totalidad, y el abono bastará con aplicarlo una vez al mes. Necesita un grado de humedad alto, por lo que será necesario la pulverización frecuente de sus hojas, así como colocar un plato con agua y algunos guijarros que separen las raíces bajo el tiesto.

▸ Al ser una planta de difícil cuidado, es importante mantener la limpieza de las hojas con un algodón empapado en agua, y no cambiarla del lugar al que se haya adaptado. A pesar de todos los cuidados, es casi imposible mantener el ambiente de temperatura y humedad constantes que ella necesita, por lo que suele morir pronto.

Enfermedades:

▸ Si las hojas se abarquillan, se vuelven amarillas y los bordes se ponen marrones como papel, se debe a un aire demasiado seco. Hay que aumentar la humedad en la habitación donde se encuentra la planta. Ponga la maceta sobre un plato con agua y algunos guijarros, y pulverice la planta a diario, mejor si es con agua de lluvia.

▸ Si aparecen finas redes blancas en hojas y tallo y con puntos amarillos en las hojas, se debe a la aparición de acáridos de araña roja. Éstos son atraídos por la sequedad del ambiente. Pulverice la planta con un devastador líquido, repitiendo la operación a los pocos días y aumentando la humedad de la planta.

▸ Si descubre manchas marrones en las hojas, que después se vuelven más pálidas, se debe a que está recibiendo sol directo. Aléjela de la ventana y colóquela en un lugar donde le dé la luz pero no el sol.

Cloráfito comosum (*Chlorophytum comosum* [Cintas matizadas])

Es originaria de África del sur. De ella existen muchas variedades, pero todas similares al *Chorophytum comosum* con las hojas matizadas de color verde y blanco. Otra variedad también conocida es la *Clorophytum capense* en la que las hojas son totalmente verdes. Popularmente se las conoce como «cintas» o «planta araña».

Cuidados:

▸ Cualquiera de ellas es planta de fácil cuidado siempre que reciba la suficiente luz. De la planta madre salen unos vástagos con una pequeñas florecillas de color blanco que luego se transforman en pequeña plantas, con las que podemos realizar la propagación de la planta.

▸ Los riegos no tienen que ser muy frecuentes, ya que resiste bien el aire seco y la falta de agua, no soportando el estancamiento del agua, por lo que lo mejor es pulverizar las hojas de vez en cuando.

▸ Durante los meses de febrero a octubre será aconsejable el riego con un fertilizante líquido, ya que es la época de mayor desarrollo para la planta, debiendo suprimirlo durante los meses de descanso que se dan de noviembre a enero. Debido a su rápido crecimiento, deberá ser trasplantada al menos cada dos años.

▸ Ésta es una planta que también puede adaptarse al exterior, siempre que esté protegida del sol directo y del frío.

▸ Su peculiaridad de crear vástagos hace que sea una planta adecuada para ser colgada; además, se puede conseguir una bonita maceta mezclando las dos variedades.

Enfermedades:

▸ Si las puntas de las hojas se vuelven marrones, se suele deber a riegos insuficientes. Riegue bien la planta hasta que vea que drena por el orificio inferior. Puede cortar las puntas de las hojas, pero sin pasar a la zona verde o el proceso se extenderá. También puede deberse a una exposición al sol, ya que éste habrá quemado las hojas. Retire la planta de la ventana, poniéndola donde le pueda llegar la luz.

‣ Si en la variedad en que las hojas tienen tonalidades de color marfil éstas empiezan a desaparecer, se debe a falta de luz. Ponga la planta en un sitio más iluminado y pronto recuperará su color.

‣ Si observa un crecimiento débil con hojas marchitas y muriéndose, se debe a un aire caliente y abono demasiado seco. Coloque la planta en un lugar más fresco y mantenga húmedo el abono.

‣ Si se le pudren las hojas de la base, se debe a un exceso de riegos, que han terminado pudriendo la corona de la planta. Deje que el abono se seque y espere que la planta se recupere.

Coleo (*Coleus blumei* [Ortiga multicolor])

De esta planta originaria de la India y de la zona tropical de África existen múltiples especies y aún más variedades. Es muy divulgada y apreciada por la belleza de sus hojas, de forma ovalada, puntiagudas, con los bordes aserrados y con los más diversos y combinados colores según la especie.

Las flores son de pequeño tamaño, florecen en verano y no tienen mucho atractivo, lo que nos permite cortarlas para favorecer el desarrollo de las hojas.

Cuidados:

‣ El tono intenso y brillante de sus hojas solamente lo adquiere si está expuesta al sol al menos algunas horas al día, por lo cual el lugar adecuado para ella no bastará con tener buena iluminación, ha de ser también soleado.

‣ Su temperatura ideal está alrededor de los 20°, por ello se desarrolla bien en las casas con calefacción, donde la temperatura no baje de los 16°. Esta buena temperatura puede secar demasiado el ambiente, por lo que habremos de pulverizar con frecuencia las hojas y colocarle un recipiente con agua bajo el tiesto.

‣ Necesita tener la tierra mojada continuamente, por lo que los riegos aunque no sean abundantes han de ser diarios, salvo en la época de invierno cuando la planta se encuentra en estado de reposo, momento en el cual hay que disminuirlos sin dejar que el terreno llegue a secarse por completo.

‣ Junto al agua de riego durante todo el verano hay que añadirle fertilizantes cada veinte días, suspendiéndolos en la época de reposo.

‣ Se puede trasplantar entre febrero y marzo, con tierra universal, a un tiesto que tenga un buen drenaje.

‣ Se multiplica por esqueje y por semilla, aunque cualquiera de las dos formas son difíciles de conseguir en casa.

Enfermedades:

‣ Si languidecen y se le caen las hojas, se debe a una temperatura demasiado baja. Colóquelo en una zona más caliente y recuerde que el coleo no soporta temperaturas inferiores a los 13 °C.

‣ Si por el contrario, se encuentra en una habitación caliente, se debe a la falta de humedad. Proporciónesela colocando un recipiente con agua y guijarros bajo el tiesto.

‣ Si aparecen finas redes blancas sobre las hojas y los tallos, se deben a los acáridos de araña roja. Pulverice la planta con un devastador líquido, repitiendo la operación a los pocos días y manteniendo la planta en un ambiente muy húmedo.

‣ Si las plantas pierden sus bonitos colores, se debe a falta de luz. Coloque la planta más cerca de alguna ventana, donde haya sol directo, pero protegiéndola del sol del mediodía.

Cordiline (*Cordyline terminalis*)
Ver *Drácena*.

Crotón (*Codiaeum variegatum pictum*)

Esta planta de la familia de las euforbiáceas procede del archipiélago malayo, y pertenece a una familia de seis especies de las cuales sólo se cultiva una, la *Codiaeum variegatum pictum*. El nombre popular con el que se la conoce erróneamente es crotón.

Sus hojas de forma y color diferente, dependiendo de la variedad, tienen colores que van desde el rojo al verde, al naranja y al amarillo, todos mezclados entre sí. Cuando las condiciones ambientales no son favorables para ella, las pierde con facilidad, pues es una planta que necesita cuidados y condiciones especiales para sobrevivir. Sus flores, que difícilmente se consiguen, son pequeñas e insignificantes.

Cuidados:

▸ Necesita un lugar muy iluminado, donde nunca le lleguen los rayos del sol, pues aunque esto haría que sus hojas alcanzaran un brillante color perjudicaría la totalidad de la planta.

▸ Vive bien con temperatura constante de unos 20 °C, pero cualquier oscilación por pequeña que sea le afecta. Es muy sensible a las corrientes de aire y debe estar lejos de las fuentes de calor. Si aun después de proporcionarles todos estos cuidados pierde las hojas, lo más conveniente es podarla y esperar que vuelva a brotar en primavera.

▸ Es una planta muy exigente con la limpieza, por lo que se debe mantener limpias las hojas con un algodón empapado en agua, lo que ayudará a proporcionarles la humedad que necesita, pues requiere un ambiente cargado de humedad; también la podemos conseguir poniendo un recipiente con agua y guijarros bajo el tiesto.

▸ El riego debe alternarse, manteniendo siempre la tierra húmeda pero sin que se produzcan estancamientos, ya que esto pudriría las raíces.

▸ Debe ser abonada una vez al mes aproximadamente, interrumpiéndolo en la época de reposo.

▸ El trasplante debe hacerse a finales de invierno, con una tierra mezclada con turba y arena. Si por esta época hubiera perdido muchas hojas, a la vez que se trasplanta se debe realizar una poda muy baja y esperar.

▸ La multiplicación se realiza por esqueje, colocando los tallos cortados en un recipiente con tierra húmeda, cubierto con un protector de plástico transparente o vidrio, a temperatura alta y constante. A pesar de todos estos requerimientos, es difícil conseguir que broten raíces.

Enfermedades:

▸ Si las hojas pierden sus tonos multicolores, volviéndose verdes y pálidas, se debe a falta de luz. Acerque la planta a una ventana, donde pueda recibir sol durante todo el año.

▸ Si los bordes se vuelven marrones y se le caen las hojas enteras, se debe a un aire demasiado seco. Proporciónele humedad colocando un recipiente con agua y guijarros bajo el tiesto.

▸ Si las hojas y los tallos se cubren con un polvo blanco y una fina red blanca, se debe a que la planta ha sido atacada por acáridos de araña roja. Pulverice con un devastador líquido, repitiendo la operación a los pocos días, a la vez que aumenta la humedad de la planta.

▸ Si una planta alta adquiere un aspecto débil, se debe al envejecimiento natural de ella. Puede rejuvenecerla cortando los tallos a principios de primavera a una distancia de 15 cm desde la base. Verá que pronto le aparecen tallos nuevos.

Cuerno de alce (*Platycerium bifurcatum*)

Originaria de Australia y las Indias orientales, recibe este nombre por la forma que tienen sus hojas, semejante a un asta de alce.

La característica de este helecho es que las hojas están recubiertas por otras hojas, llamadas de abrigo, que en un principio son verdes, luego se vuelven marrones y a continuación se pudren.

Sus hojas se encuentran protegidas por una película de cera que no debemos quitarle, ya que sin ello la planta moriría. Además, la protege en lugares demasiado secos.

Es ideal para ser colgada por la forma que tienen sus hojas de caer alrededor de la maceta. Si la colgamos en un tiesto con agujeros las hojas también saldrán por ellos.

Cuidados:

▸ El riego ha de ser abundante, pues el cepellón ha de estar siempre húmedo; sólo en invierno pueden distanciarse. La mejor forma de regarla es sumergiéndola en un recipiente de agua hasta que el musgo y las raíces hayan absorbido suficiente cantidad. Junto con el riego, conviene aplicarle fertilizantes por el rápido crecimiento.

▸ Se conserva bien en lugares con sombra y con temperaturas que no bajen de los 15°; sin embargo, no soporta las corrientes de aire.

▸ La multiplicación se realiza por esporas, las cuales se encuentran en el envés de las hojas; éstas son fértiles cuando las hojas ya son maduras. Sin embargo, esta forma de multiplicación es difícil, motivo por el cual se recomienda la multiplicación mediante los brotes que se tomarán de la planta cuando ésta tenga más de cinco meses.

▸ La tierra más adecuada para ella es una mezcla de musgo, raíces de helechos y tierra que podemos hacer con sus propias hojas.

Enfermedades:

▸ Si las hojas se vuelven pálidas, con feas marcas, se debe a que ha estado expuesta al sol directo; cámbiela de lugar, poniéndola donde reciba una luz clara sin que le llegue el sol.

▸ Otra causa puede estar en la falta de humedad. Si la planta está colgada, aumente la humedad rociándola cada dos días.

▸ Si las frondas (hojas) se ponen flácidas, se debe a la falta de riego, pues el abono debe estar un poco seco, pero no en su totalidad. Riegue bien la planta sumergiéndola en un recipiente con agua que la cubra por encima del borde y déjela que se remoje bien durante quince minutos. A continuación, espere a que drene tono el agua sobrante.

▸ Cuando las partes inferiores de las frondas se cubren de bultos blandos, de color marrón claro u oscuro, se debe a que ha sido atacada por insectos de escama. Si son pocos, rásquelos para eliminarlos, pero si son muchos pulverice la planta con un insecticida adecuado. Controle que lleguen a desaparecer.

Cyperus (*Juncia* [Paraguas])

Esta planta, originaria de las zonas tropicales de América y África, se adapta fácilmente a ser cultivada en las casas, a pesar de crecer mejor de forma espontánea a orillas de ríos y torrentes.

Pertenece a una gran familia de cerca de 700 especies, siendo las más conocidas y bellas: el *Cyperus alternifolis*, el *Cyperus diffusus* y el *Cyperus papyrus*, recibiendo este nombre por ser utilizado en la antigüedad para la fabricación de papiros.

Este último es el más conocido y divulgado. Sus hojas estrechas y alargadas pueden alcanzar una altura de hasta un metro, siendo los ramilletes de pequeñas hojas que brotan en sus extremos lo que le hace ser una planta de suma elegancia.

Cuidados:

▸ Vive con facilidad en temperaturas de unos 20°, en lugares donde reciba buena luz, siendo posible sacarla al exterior durante algunas horas en los meses de verano.

▸ Los riegos han de ser muy abundantes, hasta el punto de mantener siempre la tierra empapada. Un recipiente bajo el tiesto al que no le falte el agua será necesario para el buen crecimiento de la planta, además de proporcionarle el grado de humedad que ésta necesita. También habrá que añadirle abono durante los meses de la primavera y el verano.

▸ Es una planta de rápido crecimiento, por lo que los trasplantes han de hacerse frecuentemente. La época idónea es la primavera, después de la floración.

▸ La multiplicación se puede realizar por semilla, por división de mata y por hoja; esta última es fácil de realizar en las casas. Bastará con poner una hoja con el trozo de tallo al que esté unida en un recipiente con agua; de sus axilas pronto brotarán pequeñas hojitas que podremos plantar en tiestos con arena húmeda. Un poco más tarde, ya habrán brotado las raíces necesarias para ser trasplantadas.

Enfermedades:

▸ Si las puntas se vuelven marrones, se debe a que la tierra está demasiado seca; riegue abundantemente. Otra causa puede estar en el ambiente cálido y seco; se debe a la falta de humedad. Un recipiente bajo el tiesto con agua y algunos cantos le proporcionará la suficiente humedad.

▸ Si las sombrillas se vuelven amarillas, se marchitan y se caen, se debe a que se ha descuidado la planta, dejando la tierra completamente seca. Si las raíces todavía no se han muerto, puede recuperarse. Pode todos los tallos, casi al ras de la tierra, y riegue abundantemente; pronto aparecerán nuevos brotes.

▸ Cuando las brácteas palidecen, y la planta parece no tener vida, se debe a que no ha recibido los abonos necesarios. Añádale algún abono líquido cada dos semanas, desde finales de primavera hasta principios de otoño.

Difenbaquia (*Dieffenbachia picta*)
Originaria de las tropicales tierras de Brasil, es una planta muy decorativa por el tamaño que adquieren sus hojas. Son lanceoladas, de color verde, con manchas de color marfil.

Cuidados:

▸ Necesita una temperatura entre los 18 y los 22° durante todo el año, no tolerando que el termómetro baje de los 16 °C ni siquiera en invierno.

▸ No necesita riegos demasiado frecuentes, basta con hacerlo dos veces por semana en verano y una vez por semana en invierno. Durante la primavera y hasta principios de otoño, debe añadirse al agua de riego un fertilizante adecuado.

▸ Para que las hojas mantengan un espléndido color no debe faltarle una luz clara alejada de los rayos del sol.

▸ El trasplante se debe hacer en primavera con una tierra mezclada con arcilla.

▸ Para su multiplicación se cortan tallos a principios de verano que dejaremos primero en agua hasta que le broten raíces, para luego plantarlos.

▸ ¡Ojo!: la savia de esta planta contiene oxalato de calcio; hay que tener cuidado con no tocar boca u ojos cuando se corten los esquejes.

Enfermedades:

▸ Si los bordes de las hojas se vuelven marrones y se caen enteras, se debe a falta de humedad. Proporciónele la suficiente humedad rodeando la base con turba húmeda.

▸ Otra causa puede estar en la tierra demasiado seca. Riegue hasta que el agua salga por el orificio inferior y drene toda la sobrante.

▸ Es una planta delicada con las corrientes de aire; compruebe que está en el lugar adecuado.

▸ Si descubre finas redes blancas en tallos y hojas, se debe a que ha sido atacada por acáridos de araña roja. Pulverice la planta con un devastador líquido y repita la operación hasta que desaparezcan.

Drácena (*Dracaena, drago*)

Es originaria de África tropical y se dice que a su género pertenecen cerca de cuarenta especies, siendo las más conocidas, *Dracaena fragrans*, *Dracaena sanderina*, *Dracaena marginata* y *Cordyline terminales*. Todas ellas con características similares.

Es una planta muy ornamental y de fácil adaptación. Todas las hojas que salen del tallo son largas de color verde y con estrías amarillo-marfil, rosa o rojo, dependiendo de la variedad.

Las flores de color amarillo se acumulan en inflorescencias, que tienen poca importancia.

Cuidados:

▸ Se adapta bien a zonas que no tengan demasiada luz, pero sin lugar a dudas ésta le beneficia mucho más, siempre que no le dé el sol directamente.

▸ Puede vivir en ùna atmósfera seca, con una temperatura de unos 20 °C, pero se desarrolla mucho mejor en ambientes húmedos.

▸ Durante el verano necesita ser regada cada tres o cuatro días con abundante cantidad de agua, y abono cada quince o veinte días, disminuyendo los riegos y eliminando el abono durante el invierno, que es su temporada de reposo.

▸ No necesita ser trasplantada todos los años, bastando con añadirle un poco de tierra nueva y bien abonada. Pero si la planta se ha hecho muy grande, el trasplante debemos hacerlo en primavera con tierra universal, colocando unos guijarros en el fondo del tiesto que impidan que sus raíces se encharquen.

▸ La multiplicación se realiza por acodo aéreo, pero si la planta ha perdido sus hojas podemos utilizar el tallo para multiplicarla. Para ello, seccionamos el tallo en varios trozos, que se colocan horizontalmente cubiertos de arena húmeda.

Enfermedades:

‣ Si sus hojas se muestran descoloridas y con un aspecto pálido, se debe a falta de luz. Colóquela cerca de una ventana, pues para mantener su color vivo deber recibir luz muy clara.

‣ Si los bordes de sus hojas se vuelven marrones y se caen, se debe a un aire demasiado seco. Proporciónele humedad colocando bajo el tiesto un recipiente con agua y pulverizándola regularmente.

‣ Otra causa puede ser la falta de riego. Compruebe que la tierra está húmeda, metiendo el dedo hasta 5 cm. Si a partir de aquí se encuentra seca, riegue siguiendo las necesidades de la planta.

‣ Otro factor puede ser su antigüedad. Si la planta tiene más de dos años puede deberse al envejecimiento natural de ella, en el cual pierde sus hojas y el tallo se vuelve leñoso. No se puede detener el proceso natural de la planta.

Dendrobium nobile (*Dendrobio* [Orquídea epífita])

Procede del Asia meridional, aunque otras especies, como el *Dendrobitum pierardii* o el *Dendrobitum densiflorum* son de la India, donde crecen de forma espontánea.

Aunque popularmente a todos los géneros de esta familia se les conoce con el nombre de orquídea, según los estudios botánicos no existe ninguna planta que se denomine así.

Muchas especies están constituidas por largos seudobulbos, que producen flores blancas, amarillas, violetas o rosas. Según las especies, estas flores pueden brotar en invierno o en primavera.

Cuidados:

‣ Necesita una gran cantidad de luz, sin llegar a estar expuesta en ningún momento a los rayos del sol. Como todas las especies de esta familia, vive bien con temperaturas muy altas en verano y temperatura media en invierno.

▸ En verano le debemos proporcionar un alto grado de humedad, mientras que en invierno lo más importante es que no tenga una elevada temperatura.

▸ Requiere abundantes y frecuentes riegos, pues al cultivarse en tiestos pequeños el terreno puede secarse rápidamente; durante el invierno los riegos se disminuyen.

▸ Esta especie necesita ser abonada más que otras; por tanto, durante todo el verano se le suministrará un gramo de abono por litro de agua cada diez días.

▸ Es una planta de bellas flores que necesita el ambiente indicado para que esto ocurra, de lo contrario crecerán plantas pequeñas, que no echarán flores.

▸ Para ser trasplantada se necesita la denominada tierra de orquídeas.

▸ La multiplicación se realiza dividiendo el rizoma a la hora de ser trasplantada.

Enfermedades:

▸ Si las puntas de las hojas se vuelven marrones y se caen, se debe a un aire demasiado seco. Aumente la humedad pulverizándola todos los días, o mediante el sistema del posatiestos.

▸ Si está próximo su periodo de floración, se debe a un proceso natural de la planta. Los seudobulbos se despojan de sus hojas para reemplazarlas con tallos de flores. Riegue con más frecuencia.

▸ Si las hojas aparecen con marcas marrones, se debe a que ha sido quemada por el sol. Aléjela del sol, dejándola en un lugar claro.

▸ Si en el periodo reglamentario la planta no florece, puede haber estado en un lugar sombreado. Póngala donde haya luz clara.

Esparraguera (*Asparagus*)

Originaria del sur de África, pertenece a una familia de al menos 100 especies. Una de ellas, la *Asparagus officinalis*, es muy conocida porque de ella utilizamos su fruto: el espárrago.

Otras especies son utilizadas de forma ornamental, siendo las más conocidas: *Asparagus sprengeri*, *Asparagus plumosus* y *Asparagus densiflorus*.

Es una planta muy resistente y decorativa. Sus hojas son verdes, aciculares, de forma lineal y alargadas, prácticamente reducidas a escamas.

Dependiendo de la especie, unas tienen pequeñas flores blancas, insignificantes de tamaño pero en algunos casos son perfumadas. Otras producen frutos en forma de baya de color escarlata.

Cuidados:

▸ Requiere una situación bien iluminada, pudiéndose sacar en verano al exterior de forma que sólo le dé el sol de la mañana o de la tarde, nunca las horas de más insolación.

▸ Aunque en verano se adapta a la temperatura ambiental, en invierno requiere temperaturas más bien bajas que oscilen entre los 16 y los 18 °C. Tampoco requiere ambientes demasiado húmedos, salvo en el periodo después de la época de reposo, en el que sí necesita pulverizaciones en las hojas.

▸ Gracias a sus raíces tuberosas que retienen agua, los riegos en invierno deben ser poco frecuentes, aumentándolos progresivamente en primavera y aún más en verano, volviendo a disminuirlos con la llegada del otoño.

▸ Necesita ser abonada cada diez días en el período vegetativo, suspendiéndolo totalmente en el período de reposo.

▸ El trasplante es conveniente hacerlo en primavera o en otoño, cambiándolo a un tiesto grande, pues sus raíces necesitan tener mucho espacio.

▸ Cuando la planta se hace muy grande podemos dividir el rizoma en una o más partes, consiguiendo así la multiplicación de la planta. Otro método de multiplicación es por semilla, pero ésta es una forma difícil de conseguir en casa.

Enfermedades:

▸ Si las pequeñas hojas se vuelven amarillas y caídas, y toda la planta adquiere un aspecto débil, puede deberse a que no ha recibido la suficiente agua. Corte los tallos casi hasta la base y riegue abundantemente.

▸ Otra causa puede deberse a que la planta esté en una habitación muy caliente, o expuesta al sol. Cámbiela a una habitación más fresca, alejada del sol directo.

▸ Si le aparecen bultos blandos, de color marrón claro u oscuro, por la parte inferior, se debe a los insectos de escama. Pulverice la planta con una dosis de insecticida y repita la operación hasta que desaparezcan.

▸ Si observa que las raíces salen por encima de la tierra significa que la maceta se ha quedado pequeña y no admite todo el abono y el agua que la planta necesita. Traslade la planta entera a una maceta de mayor tamaño, o aproveche para multiplicarla dividiendo el rizoma y creando varias plantas.

Ficus

Es originaria de América Septentrional, India y Asia, y pertenece a la familia de las moráceas. De todas las especies que existen las más cultivadas por nosotros son: *Ficus elástica* y *Ficus pandurata*. Es una de las plantas de interior más extendida, sobre todo en los lugares públicos, por su resistencia, tamaño y belleza.

Dependiendo de la especie, las hojas pueden variar mucho de tamaño y en sus tonalidades verdes.

Es muy difícil lograr que cultivada en el interior de las casas florezca; sin embargo, casi todas las especies producen flores, aunque éstas no tengan un gran valor ornamental.

Cuidados:

▸ Su lugar ideal es colocarla cerca de una fuente de luz, pero vive con facilidad en lugares más sombríos.

▸ Soporta temperaturas altas, pero la ideal para ella está en los 18 °C, con una atmósfera más bien húmeda, que le podemos proporcionar con un posatiestos lleno de piedras mojadas. Necesita estar lejos de las fuentes de calor y sin cambiarla de sitio cuando se ha adaptado a uno.

▸ Sus grandes hojas requieren la limpieza frecuente con un algodón empapado en agua, pues la capa de polvo además de afearlas dificulta su respiración. Durante todo el verano necesita riegos frecuentes, y muy escasos en el invierno. Un exceso de agua en esta época le haría perder sus hojas.

▸ Su periodo vegetativo comienza hacia la primavera, época en la que necesita ser abonada durante todos los meses, suspendiéndolo al llegar su tiempo de reposo.

▸ Necesita tiestos pequeños en proporción a la planta; por ello, al realizar el trasplante en primavera o en otoño, lo haremos con tierra universal y utilizando un tiesto sólo un poco mayor al que tiene. Como referencia podemos decir que para una planta de dos metros de altura basta con una maceta de 15 cm.

▸ Es una planta que sufre mucho con los trasplantes y como ya hemos mencionado no necesita ser cambiada a tiestos mayores; será suficiente con añadirle tierra nueva.

▸ La multiplicación se realiza por acodo, pudiendo también hacerlo por esqueje utilizando las ramas terminales.

Existe una especie dentro de esta familia denominada *Ficus benjamina*, con las hojas mucho menores, pero de rápido crecimiento.

Es una variedad muy elegante que a diferencia de los otros ficus de hojas y tallo rígidos, éste se distingue por sus ramas combadas y la ligereza de las hojas.

Los cuidados son similares a las otras especies, siendo un poco más delicada que ellas.

Necesita riegos abundantes durante el verano, evitando que la tierra se seque por completo. En invierno se disminuyen manteniendo solamente la tierra húmeda, nunca empapada, pues esto provocaría el tono amarillento de las hojas.

Enfermedades:

▸ Cuando sus hojas se vuelven amarillas y se caen, se debe a la falta de luz. Coloque la planta donde reciba buena luz sin estar expuesta a los rayos del sol.

▸ Otra causa la encontramos en el exceso de riego. Introduzca el dedo en la tierra; si está mojado debajo de la superficie, déjelo secar totalmente y comience a regar de forma progresiva.

▸ Si encuentra bultos blandos de color marrón claro u oscuro bajo las hojas, se debe a los insectos de escama. Estos insectos absorben la savia produciendo manchas amarillas en las hojas. Si advierte muchos, pulverice la planta con el insecticida adecuado; repita la operación hasta que desaparezcan.

Gloxinias (*Sinningia speciosa*)

Originaria de Brasil, la más cultivada dentro de sus especies es la *Sinningia speciosa*. Posee hojas de consistencia carnosa, grandes, con forma de corazón, bordes irregulares, con pelos y aterciopeladas.

De mayo a octubre, sin interrupción, tiene lugar la floración, con flores de consistencia carnosa igual que la hojas, forma de campana y con diferentes colores que pueden ser: blancas, rojas, o rojas con bordes blancos.

Cuidados:

▶ Debe ser cambiada a lugares sombríos o de luz dependiendo de la época. Hacia el mes de octubre, cuando la planta está sin flores y ha perdido sus hojas, el tubérculo conviene ponerlo en un lugar seco y sombrío. Por el contrario, cuando empieza la floración, debemos ponerla en un lugar donde reciba mucha luz. En seguida notaremos si el lugar no es adecuado y le falta luz, pues sus hojas tienden a estirarse y curvarse hacia abajo.

▶ Necesita una temperatura, en el periodo de floración, superior a los 20 °C y con un grado de humedad también muy alto. Al no ser posible la pulverización, el método de los guijarros es el más idóneo, debiendo suspenderlo en la época de reposo, cuando la tierra y el ambiente están secos.

▶ En el riego debemos poner especial atención para no mojar sus hojas, muy sensibles por sus pelos. En febrero, y hasta comenzar el otoño, el terreno se mantiene húmedo, pero no encharcado, pues esto pudriría el tubérculo, y con la tierra siempre ligera y removida.

▶ Durante este periodo junto al agua de riego debemos abonarle cada veinte días, suspendiéndolo en la época de reposo. El tubérculo también podemos sacarlo del tiesto y conservarlo en un saquito de tela con turba seca. Antes de que empiece su período vegetativo, éste debe trasplantarse con tierra universal a 2 cm de profundidad.

▶ La multiplicación de la sinningia por semillas o por esqueje de hoja es difícil de conseguir en casa. La única posibilidad de realizar la multiplicación en casa es dividiendo los tubérculos.

Enfermedades:

▸ Si las puntas de las hojas se vuelven marrones, se abarquillan y caen, se debe a falta de humedad. Auméntela con la tradicional forma del posatiestos, pero no pulverice las hojas; esta planta no lo admite.

▸ Si observa manchas marrones en las hojas y en las flores se deben a las gotas de agua que hayan caído sobre ellas. No riegue la maceta desde arriba, hágalo sumergiéndola en el agua.

▸ Si descubre insectos verdes o negros en los tallos y por debajo de las hojas, se debe a la mosca verde o negra. Pulverice la planta con el insecticida adecuado y repita la operación hasta que desaparezcan.

Kalanchoe (*Kalanchoe blossfeldiana*)

La variedad más conocida que nosotros cultivamos es la *Kalanchoe blossfeldiana*, procedente de África tropical, conociéndose otras especies que son de América meridional. Sus pequeñas hojas brillantes, redondeadas, gruesas y con bordes dentados la dan un gran valor ornamental. A esto hemos de añadirle sus flores de cuatro pétalos, de colores que pueden variar desde el rojo al naranja, y desde el púrpura al amarillo. Éstas se agrupan en inflorescencias con forma de umbela, de larga duración, y si las condiciones ambientales de la planta son favorables puede ocurrir en las cuatro estaciones.

Cuidados:

▸ No requiere especiales cuidados, tolerando con facilidad la sequedad del ambiente provocado por las calefacciones.

▸ Los riegos, como en la mayoría de las plantas de interior, han de ser frecuentes en verano y distanciados en invierno, añadiendo al agua un fertilizante, que ha de ser moderado, una vez al mes.

▸ No es una planta que necesite tiestos de grandes dimensiones, pues se ha comprobado que incluso crece más si la mantenemos en una maceta donde las raíces se vean obligadas a permanecer apretadas. Dada esta característica cuando tengamos que hacer el trasplante, que se realiza al final de la floración, bastará que lo hagamos a un tiesto inmediatamente superior.

▸ La multiplicación se puede realizar mediante semillas y por esqueje, siendo esta última opción la más fácil de conseguir en las casas.

Enfermedades:

▸ Si las hojas carnosas se hinchan y comienzan a pudrirse, se debe a un riego excesivo. Las hojas acumulan agua que van utilizando en épocas de sequía. Si seguimos regando la planta cuando todavía está húmeda, las hojas siguen acumulando agua hasta hincharse.

▸ Corte las hojas podridas, espolvoree la tierra con fungicida y deje que se seque; después comience los riegos progresivamente.

▸ ¡Ojo!: si la planta tiene todas las hojas en esa situación, es irrecuperable.

▸ Si descubre puntos húmedos marrones y amarillos sobre las hojas, se debe a una mala forma de regar, haciéndolo sobre las hojas, o a que ha estado en un lugar mal ventilado. Corte las hojas afectadas y colóquela en un lugar más idóneo.

▸ Si las hojas comienzan a marchitarse se debe a falta de riego; hemos dejado secar la tierra y las hojas han gastado su reserva de agua. Riegue a fondo y mantenga la tierra siempre húmeda.

Laurenti ([Lengua de tigre] *Sanseviera trifasciata*)

Es originaria de la zona tropical de África, y de todas las especies la más conocida es la *Sanseviera trifasciata* junto con sus variedades. Nosotros también la conocemos con el nombre de «lengua de tigre».

Tiene hojas rígidas, en forma de lanza, de color verde oscuro, con matices verde grisáceo y bordeadas de amarillo. Son muy carnosas y tienen la característica de que pueden retener gran cantidad de agua. Su longitud puede llegar a medir un metro, aunque cultivadas en macetas no suelen sobrepasar los 50 cm.

Cuidados:

▸ Es difícil lograr que florezca dentro de las casas, pero sin duda alguna la belleza está en sus hojas. Es una de las pocas plantas que tolera la falta de luz, aunque prefiere una zona iluminada. También admite temperaturas muy elevadas, pero le perjudica mucho las temperaturas inferiores a los 10 ºC.

▸ Es una planta de fácil crecimiento y que se adapta sin problemas a un ambiente seco. Un ambiente húmedo incluso podría perjudicarla. No necesita riegos abundantes y durante el verano bastará con regarla una vez a la semana, añadiendo abono al agua de riego una vez al mes. Durante el invierno será suficiente regarla una vez al mes, suspendiendo el abono.

▸ Tampoco requiere ser trasplantada todos los años, bastará con hacerlo en primavera cada dos o tres años. La multiplicación se realiza mediante reproducción vegetativa. Esto consiste en extraer la planta de la maceta con todo el cepellón, colocarla sobre una superficie plana y cortar con un cuchillo todas las raíces, obteniendo dos plantas iguales.

▸ Si le gustan las plantas pero no dispone de mucho tiempo para su cuidado, ésta puede ser una de las plantas más aconsejables.

Enfermedades:

▸ Si la planta deja de crecer y pierde sus características marcas, se debe a falta de luz. La planta admite un lugar sombreado, pero no la penumbra. Acerque la maceta a una ventana donde pueda darle el sol.

▸ Si encuentra las puntas de las hojas dañadas, se debe a una mala manipulación. Si al mover la planta golpeamos o dañamos la punta, esa hoja ya no crece más.

▸ Si las hojas se vuelven marrones y blandas, se debe a un exceso de riego. Deje secar la tierra, retire las hojas dañadas y comience a regar de forma progresiva.

Maranta (*Maranta leuconeura*)

Originaria de América Central y del Sur, pertenece a una familia de diferentes especies, pero las más divulgadas entre nosotros son la *Maranta leuconeura*, *Maranta bicolor* y *Maranta arundinacea*, ésta última menos vistosa que las anteriores pero de la que se extrae la tapioca. Por su similitud con la *Calathea* frecuentemente se confunde con ella.

Sus hojas son de un hermoso verde vivo y con ramificaciones rojo púrpura. Difícilmente llega a producir flores cuando es cultivada en las casas, pero éstas son de un valor insignificante.

Cuidados:

▸ Se adaptan bien a lugares con mucha luz pero no soportan el sol directo.

▸ El riego ha de ser abundante durante el período vegetativo pero nunca con el agua totalmente fría, siendo mejor si el agua está un poco tibia. Hay que disminuirlos en el periodo de reposo que abarca de noviembre a enero. Requiere especial atención en el riego, pues si por descuido dejamos el cepellón completamente seco la planta morirá, pero igual de perjudicial es que le dejemos el cepellón totalmente encharcado; por este motivo esta planta requiere macetas con un buen drenaje.

▸ El abonado debe hacerse entre los meses de abril a julio, pero no necesita ningún tipo de abono durante los meses de invierno.

▸ La temperatura ideal para ella está entre los 23 y los 25 °C, necesitando frecuentes pulverizaciones en las hojas que mantengan el ambiente húmedo. Si el ambiente fuera muy seco, en seguida veremos que las hojas comienzan a enrollarse.

▸ Casi se la puede considerar planta de una sola temporada, pues es muy difícil lograr el ambiente caliente-húmedo que ella necesita. Si por su desarrollo la planta necesitara ser trasplantada a un tiesto de mayor tamaño, la época más aconsejable para ello es a finales de otoño, utilizando tierra universal.

▸ La multiplicación es casi imposible de lograr en las casas, pero se realiza por esqueje y por división de mata.

Enfermedades:

▸ Si las puntas de las hojas se vuelven marrones y quebradizas, se debe a un aire demasiado seco. Proporciónela humedad mediante un posatiestos con agua y unos cantos, y pulverice la planta en época de calor. Otra causa puede deberse a que haya estado expuesta la sol. Traslade la planta a un lugar donde reciba luz, nunca sol directo.

▸ Compruebe que no se debe a falta de riego. Si al introducir el dedo en la tierra a una distancia de unos 5 cm descubre que la tierra está seca, riegue abundantemente, dejando que la maceta drene el sobrante por el orificio inferior.

▸ Por último la causa la podemos tener en una habitación demasiado fría. Cuando ocurre esto las hojas se abarquillan, se vuelven marrones y mueren. Cámbiela a un lugar más cálido donde la temperatura no baje de los 13 °C.

Monstera deliciosa (*Costilla de Adán*)
Originaria de América Central, recibe su nombre por la peculiar forma de sus hojas, las cuales alcanzan un gran tamaño. A la vez que la planta va creciendo, necesita ser apoyada a un tutor que le ayude a soportar su pesado y grueso tallo. Este tutor también le servirá para guiar sus raíces aéreas y que no se desarrollen demasiado.

Cuidados:

▸ Requiere luz clara pero sin sol directo, con una temperatura entre 21 y 24 °C durante todo el año; en invierno tolera hasta los 13 °C.

▸ En verano hemos de regarla una vez por semana, frecuentando los riegos si aumenta la temperatura. En invierno bastará con hacerlos cada diez días aproximadamente. Junto al agua de riego añadiremos un fertilizante cada quince días durante toda la época de vegetación, que dura desde la primavera a principios de otoño.

▸ Se trasplanta en primavera, debiendo hacerlo sólo si la planta adquiere un tamaño que lo necesite. Su propagación se realiza por esquejes o sembrando semillas en primavera.

Enfermedades:

▸ Si sus hojas se vuelven marrones, amarillas o se mueren, se debe a falta de riego. Riegue la planta abundantemente hasta que vea salir el agua por el orificio inferior del tiesto.

▸ La parte marrón de las hojas puede cortarse pero sin pasar a la zona verde, pues esto propagaría el proceso. Si, por el contrario, ve que la tierra permanece húmeda, se debe a un exceso de riego, sobre todo si esto ocurre en invierno. Deje secar la tierra completamente para después iniciar el riego de forma progresiva.

▸ Si la hoja que se pone amarilla es solamente la inferior, se trata de un proceso natural de envejecimiento de la planta. Corte la hoja amarilla por el pecíolo para que ésta no robe savia al resto de la planta.

Odontogloso ([lengua dentada] *Odontoglossum*)

Dependiendo de la especie, proceden de Guatemala, Bolivia, Colombia o Méjico. Entre las más conocidas y que se adaptan con facilidad al cultivo en las casas tenemos:

▸ *Odontoglossum crispum*: con flores de color blanco manchadas de rosa que brotan entre febrero y abril.

▸ *Odontoglossum pulchellum*: con flores de un blanco bellísimo y pocas manchas amarillas que brotan en primavera. Es una de las pocas orquídeas con perfume en sus flores.

▸ *Odontoglossum grande*: a diferencia de las otras especies sus flores brotan de noviembre a abril, siendo de color amarillo con manchas transversales marrones.

Cuidados:

▸ Todas ellas necesitan mucha luz sin estar expuestas al sol, necesitando especialmente en invierno que la temperatura de la noche descienda a los 15 °C.

▸ La multiplicación se realiza dividiendo el rizoma a la hora de ser trasplantada.

Enfermedades:

▸ Si descubre puntos marrones en las hojas y la planta no florece, se debe a un aire demasiado seco. Corte las zonas marrones, sin pasar a la zona verde, y aumente la humedad.

▸ Si ocurre en verano, puede deberse a que ha estado expuesta al sol, pero si esto mismo ocurre en invierno, se debe a un exceso de humedad. En cualquiera de los casos, cámbiela a un lugar más adecuado.

▸ Si observa que se están marchitando los seudobulbos, se debe a la falta de riego. Riegue bien la planta, los seudobulbos tardarán bastante tiempo en volver a hincharse.

Potos (*Photos scandens*)

Planta resistente de fáciles cuidados y reproducción. Al ser una planta trepadora, necesita tutores por los que ir sujetando los tallos, a menos que la dejemos como planta colgante, forma en la que también es muy decorativa.

Cuidados:

▸ El riego ha de ser moderado, pues no soporta el encharcamiento de raíces. Sus hojas, de forma acorazonada, son de un verde brillante con manchas amarillas o blancas, dependiendo de la luz que reciba.

‣ Para su mejor desarrollo necesita una temperatura templada, mucha luz, pero nunca sol directo. Su multiplicación se realiza por tallo, cortando tramos que tengan dos o tres yemas y raíces aéreas. Estos tallos se dejan en turba o agua hasta que echen raíces, momento en el que pueden ser plantados en macetas.

‣ Para ser trasplantada a una maceta mayor elegiremos los meses en que la planta se encuentra en estado de reposo, entre diciembre y febrero.

‣ No es una planta sensible a plagas o enfermedades, por lo que un poco de abono en su época de mayor desarrollo será suficiente.

Poinsetia ([Flor de Pascua] *Euphorbia*)
Originaria de América Central, pertenece a una familia de numerosas especies. Algunas de ellas carecen de interés, otras, como la *Euphorbia eritrea*, son plantas robustas y resistentes que pueden alcanzar grandes dimensiones.

Debemos mencionar que la mayoría de las euforbias, al ser cortadas, segregan un líquido lechoso y venenoso que se detiene sumergiendo las ramas en agua. Si queremos conservar las ramas cortadas, después de mantenerlas en el agua hasta que suelten el jugo, hay que completar la operación quemando la zona cortada con la llama de una vela.

Para nosotros la más conocida es la *Euphorbia pulcherrima*, denominada «Estrella de Navidad», tanto por sus fáciles cuidados como por sus cualidades ornamentales. Lo más atractivo de ella no son sus insignificantes flores, sino unas brácteas de colores muy luminosos que brotan alrededor de las flores. Consisten en una hojas de color blanco, rosado o rojo intenso, que forma dos corolas. Para conseguirlo requiere que antes de la floración la coloquemos alternativamente en la oscuridad y en un lugar muy iluminado pero alejada de los rayos del sol.

Cuidados:

▸ Para que las brácteas duren más tiempo la planta debe permanecer a una temperatura constante, no muy elevada. Los 18 °C es lo aconsejable y lejos de las corrientes de aire. En la época de reposo necesita una temperatura inferior que puede oscilar entre los 13 y los 15 °C, por lo que es necesario colocarla en el lugar más fresco de la casa.

▸ Cuando termina la floración y su buen aspecto comienza a desaparecer, es conveniente podarla y colocarla en un lugar sombrío, donde debe quedar hasta la primavera. A principios de verano podemos sacarla al exterior para que reciba la suficiente energía a través de una buena iluminación.

▸ A menos que la temperatura en la casa sea muy elevada, no requiere riegos abundantes. La mejor recomendación es esperar que la tierra esté completamente seca, antes del siguiente riego. Durante los dos o tres meses que dura la floración, no se deben suspender en su totalidad, pero sí distanciarlos más.

▸ La euforbia tampoco es una planta demasiado exigente con el grado de humedad, pero a ninguna le sobra un recipiente con agua y unos guijarros bajo el tiesto. Durante los meses de junio a diciembre, que dura su periodo vegetativo, se la debe abonar una vez al mes aproximadamente.

▸ Atendiendo con detalle todos estos cuidados, es muy probable que consigamos que florezca también en el mes de diciembre. El trasplante se debe hacer en primavera, aprovechando este momento para realizar una poda y utilizar los tallos cortados para su multiplicación, que se logra por esqueje.

Enfermedades:

▸ Si los bordes de las hojas se vuelven marrones, o las hojas se ponen amarillas y se caen, se debe a un aire demasiado seco. Aumente la humedad con la forma habitual y pulverice la planta.

▸ Otra causa del problema puede estar en la baja temperatura. Coloque la planta en una habitación más caliente, donde la temperatura no descienda de los 13 °C.

▸ Otro factor puede estar en la falta de luz. Coloque la planta en un lugar claro no a la luz directa.

Tradescantia (*Tradescantia*)

Solemos denominar así a varios ejemplares por su similitud, una de ellas la *Tradescantia albiflora* de flores blancas y hojas rayadas en verde y blanco. Su longitud es inferior a la *Tradescantia virginiana*, y en ésta las hojas son de color verde brillante. Por último, tenemos la *Tradescantia blossfelfiana* con flores de color rosa, hojas de color verde, lisas por el haz y peludas y de color púrpura en el envés. A todas esta variedades las conocemos popularmente como «Amor del hombre».

Cuidados:

▸ Cualquiera de ellas se adapta con facilidad tanto al interior como al exterior, siempre que el invierno no sea demasiado frío, resultando una bonita combinación la mezcla de ellas en una misma maceta.

▸ Los riegos durante el invierno sólo deben hacerse cuando la tierra esté completamente seca, aumentándolos en verano. En época de crecimiento conviene aplicarle un fertilizante junto con los riegos.

▸ Para que la planta no pierda sus hojas conviene ir despuntando los tallos; de esta manera, además, conseguiremos una maceta más frondosa. Es una planta de fácil multiplicación, y bastará con cortar un tallo e introducirlo en turba, tierra o simplemente agua hasta que enraíce.

▸ Es una planta bastante resistente, por lo que no se la suele ver afectada por plagas, pero si así fuera la cochinilla o la oruga de hoja son las más habituales.

Violeta africana (*Saintpaulia ionantha*)

Originaria de África tropical, pertenece a una familia de seis especies, de las cuales una de las más apreciadas es la *Saintpaulia ionantha*, de flores violeta y a la que nosotros denominamos «violeta africana».

Sus hojas son redondeadas, de consistencia carnosa y con pelos de un color verde oscuro. Sus flores, que dan nombre a la planta, pueden ser simples o dobles, y la forma de sus pétalos similares a las violetas, de colores que varían entre el violeta, azul, rosa, blanco o púrpura.

Cuidados:

▸ Se adapta con facilidad como planta de interior, pues soporta bien las temperaturas de las casas con calefacción pero sin cambios, necesitando sobre todo en invierno lugares muy luminosos, y permitiendo ser sacada al exterior a principios de verano, siempre en lugares a la sombra.

▸ Necesita tiestos con buen drenaje que mantengan la tierra húmeda pero nunca encharcada. La mayor precaución que hay que tener con el riego es no mojar las hojas. Un proceso eficaz para que esto no ocurra es sumergir el tiesto en un cubo con agua durante una hora; luego hay que dejar que drene el agua sobrante. La bandeja de agua con guijarros le proporcionará la humedad necesaria, por la peculiaridad de no poder pulverizar las hojas.

▸ Necesita ser abonada durante todos los meses del año, aumentándolo en la época de mayor vegetación. Tiene periodos de reposo muy breves, siendo una planta muy decorativa al estar casi continuamente con flores.

▸ Requiere una tierra universal para el trasplante, que se debe realizar en primavera, no utilizando recipientes demasiado grandes. En esta misma época podemos cortar algunas hojas y utilizarlas para su propagación.

Enfermedades:

▸ Si las hojas se marchitan y abarquillan en los bordes, se debe a falta de humedad. Si se encuentra en una habitación con calefacción aumente la humedad, sin pulverizar las hojas.

▸ Si los tallos están flácidos y blandos al tacto, la planta ha sido regada demasiado. Corte los tallos afectados, espolvoree con un polvo fungicida y deje secar la tierra. Luego riegue en la forma recomendada.

02

CÓMO DECORAR SU BALCÓN O TERRAZA

Tanto para el balcón como para la terraza podemos elegir entre las muchas variedades que existen en las plantas de exterior, ya sea poniendo plantas de temporada o perennes. La mejor opción puede ser mezclar ambas, de esta manera tendremos una gran variedad de flores en primavera y verano sin perderlas en su totalidad en el invierno.

Éstas son algunas de las más empleadas:

ALTEA ROSA (*MALVA ROSA*)
Originario de China, este arbusto de tallos gruesos recibe infinidad de nombre populares, tales como: malva real, malva marina, malva rosa o túnica de Cristo.

Tiene un rápido crecimiento, llegando a medir dos y tres metros de altura cuando el terreno es propicio y está bien cuidado. Es de hojas perennes lobuladas y sin brillo, con un tallo recto y velloso.

Sus flores tienen un amplio colorido desde el blanco al amarillo, pasando por los rosas, púrpuras, rojos y azules. Son grandes, de 8 a 10 cm, y situadas en espiga a lo largo del tallo. Tanto los pétalos de sus hojas como sus raíces han sido utilizados ampliamente en la antigüedad. Los pétalos para colorear los vinos, mientras que las raíces, por su ces, por su alto contenido en mucílagos, se utilizan en medicina natural como infusión contra la tos.

Cuidados

▸ Requiere suelos muy abonados, por lo que es necesario añadirle abonos orgánicos alrededor de la base. Cuando está en plena floración necesita ser regada casi a diario.

▸ No necesita ser podada, salvo en los lugares muy fríos o cuando la planta esté muy deteriorada. Se multiplica por semillas que se colocan en semillero durante los meses de octubre a noviembre, para ser trasplantadas al jardín entre marzo y abril.

CRISANTEMO (*CHRYSANTHÈME À CARÈNE CACHEMIRE* [MARGARITA TRICOLOR])

Esta decorativa planta anual tiene un rápido crecimiento, da igual el terreno, soportando bien la sequía. Es muy ramificada y puede alcanzar una altura de 60 cm. De hojas espesas, verde claro y muy dentadas, florece dependiendo de la época de siembra, entre junio y octubre. Sus flores son grandes con hojas blancas o de múltiples colores, con una base amarilla que rodea el núcleo central de color marrón.

La época más propicia para la siembra es de marzo a junio, pudiendo hacerlo durante otros meses, y de ello dependerá la época de floración. Se realiza colocando las semillas en hileras, que luego podremos aclarar si fuera necesario. Otra forma de siembra es hacer semilleros durante los meses de septiembre a octubre en cajas protegidas con plásticos o vidrios, durante la época de frío, que luego trasplantaremos a un lugar definitivo en el mes de abril.

Una vez introducidas las semillas en la tierra, que no tiene que estar a demasiada profundidad, ha de ponerse cuidado en el riego para que éste no mueva las semillas, llevándolas todas hacia un lado. La mezcla de tierra ideal para el crisantemo es de arena y turba.

GERANIOS

Es numerosísima la variedad de geranios que podemos encontrar con sus vistosas flores de diferentes colores. La mejor época para la plantación de geranios está entre los meses de abril a junio. Se hace partiendo de esquejes ya enraizados, que podemos conseguir de otras plantas.

Los tiestos no necesitan ser muy grandes pero sí tener un buen drenaje, pues la raíz del geranio no soporta estar encharcada. Esto se puede conseguir colocando una pequeña cantidad de arena en el fondo del tiesto, lo que le hace ser muy permeable sin perjudicar a la planta.

Durante la primera semana los riegos han de ser diarios, y a partir de ahí deberemos hacerlo de forma abundante sólo cuando la tierra esté bien seca, pues al geranio le conviene un suelo más bien seco.

El factor más importante para su floración es la exposición al sol; por ello buscaremos para su alojamiento un lugar soleado de nuestra terraza, pero bien resguardado de fuertes vientos. En la época de floración, que se da a partir del mes de abril, necesitan ser abonados para ayudar a la planta en su esfuerzo.

Para que el geranio tome una forma determinada y crezca más vigoroso, se debe realizar una poda entre el otoño y el invierno, dependiendo del clima de la zona.

GITANILLA O GERANIO DE HIEDRA

Planta muy abundante por toda la zona sur de nuestra península. Se la denomina hiedra por sus hojas en forma de trébol y de color muy brillante. Esta planta crece con facilidad al aire libre siempre que la proporcionemos un mínimo de cuidados, por ejemplo:

▸ Evitar el frío en invierno.

▸ Regarla abundantemente en verano, su época de mayor crecimiento, y muy poco en invierno.

Se multiplica por esquejes, y su amplia gama de colores, que van desde el blanco al violeta, la hace ser una planta muy decorativa tanto para macetas en las barandillas de los balcones, como para ser colgada.

MADRESELVAS (*LONICERAS*)

Planta trepadora muy decorativa y agradable olor para el tapizado de paredes en las terrazas o balcones. Sus hojas casi perennes hacen que la pared nunca quede descubierta, pues cuando empieza a perder las hojas viejas ya le habrán salido nuevas.

Las raíces no se agarran por sí solas a la pared, por lo que será conveniente ponerlas una celosía o alambre galvanizado para ir guiándolas. Esta planta de fácil cultivo se propaga introduciendo pequeños tallos de unos 15 cm en tierra de mantillo durante el otoño o en primavera y en seguida echará raíces.

PENDIENTES DE LA REINA

Esta planta perteneciente al género de las fucsias se puede cultivar en el interior o en el exterior, siempre que el lugar esté bien protegido y la zona carezca de heladas.

Para esta planta, a la inversa que la mayoría, la maceta más aconsejable es la de plástico en vez de barro, pues este tipo de maceta permite una menor evaporación del agua, y así dispondremos de un alto grado de humedad.

Una mezcla de arena y estiércol es la mejor tierra para ella. Los riegos han de suprimirse en invierno después de realizar la poda, volviendo a retomarlos en primavera, cuando probablemente requiera ser trasplantada a un nuevo tiesto. Los abonos en época de crecimiento serán igualmente necesarios.

La multiplicación se realiza por esquejes, pudiendo hacerse en cualquier mes del año.

Esta planta es sensible a ser atacada por la mosca blanca, por lo que deberemos hacer revisiones periódicas y poder contraatacarla.

PENSAMIENTOS

Esta decorativa y colorida planta es el resultado de los cruces realizados con la viola tricolor. Los hay de flor gigante y de flor muy pequeña. Unos tienen los bordes rizados y otros los tienen lisos. Pueden ser de un solo color, con estrías o con manchas negras en el centro.

Sus flores de múltiples colores, que van desde el blanco hasta los tonos oscuros, pasando por el amarillo, rosa, anaranjado, azul y violeta, constan de cinco pétalos, que a menudo nos recuerdan las alas de las mariposas.

Es una excelente planta tanto para macizos y setos, como para macetas, ya que no requiere cuidados muy especiales, siempre que se la ponga en una tierra bien abonada con estiércol y fertilizantes, teniendo una flor muy duradera y abundante.

Las diferentes floraciones que tiene a lo largo del año hacen de ella una planta que se puede sembrar desde julio, floreciendo entre diciembre y enero, o agosto para los que florecen entre febrero y julio, siendo esta última la que tiene mayor cantidad de flores.

La siembra se realiza a través de semillas, las cuales han de colocarse primero en semillero, en una zona sombreada y a una temperatura de unos 20°. Cuando hayan brotado, cosa que ocurrirá entre los cuatro y cinco meses siguientes, podrán ser trasplantadas a su lugar definitivo, manteniendo una distancia entre unos y otros de unos 25 cm.

Una vez trasplantadas, las nuevas plantas se regarán cuando el terreno esté seco y una vez por semana durante la época de crecimiento, debiendo hacerlo por la mañana, pues el riego por la tarde favorece el desarrollo de enfermedades.

PRÍMULAS O PRIMAVERAS

El nombre popular de las plantas siempre se debe a alguna peculiaridad de su morfología o de época de floración, como en este caso.

Las prímulas son plantas vivaces de las que podemos encontrar más de quinientas especies, sobre todo en las zonas templadas y frías de España. Existen dos claros grupos entre las especies españolas, por las diferencias que tienen en las hojas de su cáliz, uno prismático pentagonal y otro cilíndrico.

Dependiendo de la especie, sus colores florales pueden variar, siendo de corola blanca, amarilla, roja, violeta, etc. Pocas de ellas tienen olor, y éste solamente se puede apreciar en la *Primula officinalis*, empleada en medicina natural.

Esta especie ha de ser injertada, para a partir de ella conseguir otras nuevas especies ornamentales.

QUÉ DEBEMOS HACER A LO LARGO DE AÑO

Enero

▸ Durante este mes no es aconsejable el riego de las plantas de interior, salvo aquellas que necesiten agua incluso en esta época, aunque es recomendable la pulverización de las hojas cada tres días, ya que la calefacción reseca demasiado el ambiente.

▸ Hemos de tener la precaución de alejar las plantas de las ventanas, pues al airear las habitaciones se produce un descenso brusco de la temperatura y esta bajada, o una corriente de aire, podría perjudicarlas. Limpie la planta de hojas secas, pero si éstas aparecen con frecuencia observe si es por exceso o por falta de humedad.

▸ También es el momento de multiplicar aquellas plantas que queramos propagar cortando los esquejes que tengan algún brote y poniéndolos en agua hasta que tengan raíces, momento en el que las pasaremos a la maceta con tierra.

▸ Las cintas podemos multiplicarlas colocando las prolongaciones pequeñas en otras macetas y una vez hayan enraizado se cortan los tallos independizando cada una de ellas. Otro método de multiplicación para plantas como las begonias, o peperonia, es el enraizamiento de hoja. Para ello, cortar con una cuchilla las hojas con peciolo de la planta madre e introducirlas de forma horizontal en una mezcla de arena y turba, así nacerá una nueva planta.

▸ Por último, mantenga sus plantas brillantes limpiando las hojas por el haz y por el envés con un algodón empapado en agua.

▸ Éste es un mes de reposo para las plantas de *exterior*, pero no por ello hemos de descuidarlas. Aquellas que no resistan las heladas debemos ponerlas en las zonas más resguardadas y cubrirlas con plásticos para evitar que se hielen. Las que ni siquiera resistan con estos cuidados, será mejor que las metamos en casa.

▸ En el *invernadero* hemos de asegurarnos la limpieza de los cristales quitando la escarcha que aparece por las mañanas para que tengan la suficiente luz. Es necesario seguir regando las plantas y no olvidar el control de la temperatura, la humedad del aire y la ventilación, sobre todo en los días soleados.

▸ La limpieza del material de propagación, las bandejas de las semillas y la preparación del compost para las macetas, son otras labores que debemos realizar en este mes. No olvide que éste es un mes ideal para la siembra y la propagación de esquejes.

▸ Para el *jardín* tampoco es una época de mucho trabajo, pero sí es el momento de airear el terreno con un rastrillo, así como esparcir por él una mezcla de arena y turba, ya que con ello mejoraremos el drenaje. Otra de las labores a las que podemos dedicar nuestro tiempo es a sujetar las ramas que puedan partirse con el viento o las heladas. Para ello colocaremos postes alrededor del árbol clavándolos directamente en la tierra con un martillo y atándolos entre sí con alambre, pero asegurándonos de que quedan fuertemente apretados y tirantes.

▸ Una vez hecho esto, podemos pasar a la poda de los árboles frutales y los rosales que presenten brotes, y aplicar los fertilizantes en árboles y arbustos. El fósforo y el potasio serán los fertilizantes más apropiados para los árboles frutales, elementos que no serán absorbidos por el césped, pues en este mes se haya en su época de letargo. También debemos mirar si hay zonas en él estropeadas para proceder a reponerlas.

▸ El *huerto* tampoco requiere demasiados cuidados en este mes, pero si deseamos obtener algunas cosechas tempranas como guisantes, tomates, pimientos, acelgas, espinacas de hoja ancha, achicorias rizadas, escarolas, cebollas blancas tempranas, lechugas, nabos, perejil, puerros y otras hortalizas similares, es el momento de realizar su siembra bajo la protección de un plástico. Para ello, hay que remover y rastrillar la tierra; a continuación, se hacen hileras de 30 cm de diámetro y 5 cm de profundidad, y en ellas se introducen las semillas a una distancia aproximada de 5 cm, dejando 10 cm entre cada hilera.

▸ Por último, se cubren las semillas asegurándose que la tierra está húmeda; si no es así, conviene regar el terreno y luego aprisionarlo con los pies. Proteja la siembra con un plástico sujetándolo bien.

▸ Si tiene fresas sembradas y vive en una zona con riesgos de heladas, también deberá protegerlas o no comerá fresas.

Febrero

▸ Debido a la sequedad del ambiente, hemos de continuar con la pulverización de las plantas de *interior*, evitando así una excesiva deshidratación.

▸ Si durante el mes anterior no realizamos la planificación de cara a la primavera, es el momento de hacerlo sin demora. Hemos de hacer la siembra de las plantas nuevas y la reproducción de aquellas plantas que deseemos propagar. En algunas plantas, como las begonias, los coleos o el ficus, puede mejorar su aspecto cortando la parte superior extrema; esto hará que tenga una mayor ramificación lateral. Si tiene plantas de flor como azaleas, hydrangeas, etc., es el momento de la poda para tener flores la temporada siguiente.

▸ También es el momento de poda para la flor de Pascua, que debemos dejarla a un palmo de altura.

▸ A continuación limpie de hojas y flores secas todas las macetas.

▸ Recuerde que si ha comprado plantas nuevas, debe colocarlas en un lugar fresco, sin corrientes de aire y buena iluminación, hasta comprobar su buena aclimatación.

▸ Su balcón y terraza lucirán mucho mejor si en este mes realiza la poda de las plantas de exterior. Los geranios y las plantas que hayan florecido deberán ser podados, así como los rosales si los tuviera.

▸ Aunque éste es un mes con temperaturas más suaves que el anterior, hemos de seguir protegiendo las plantas con un plástico.

▸ Podemos llevar a cabo la siembra de algunas plantas nuevas que compremos en semillas y en las cuales se indique la siembra durante este mes. Si hemos sacado bulbos durante los meses anteriores, podremos sembrarlos siempre que lo hagamos en las zonas más templadas de la terraza. Y para finalizar con los cuidados de las plantas de exterior, hay que remover la capa superior de las macetas para evitar un excesivo endurecimiento.

▸ En el *invernadero* no sólo podemos conservar las plantas de interior; además, podemos llevar a cabo en él la siembra en semilleros de aquellas plantas que luego llevaremos al jardín, o los semilleros de las hortalizas que más tarde trasplantaremos a nuestro huerto.

▸ En este mes todavía se dan heladas, por ello es importante que limpiemos de escarcha los cristales o plásticos y aprovechar los días más templados y soleados para ventilar el interior. Podemos seguir con la reproducción de plantas ornamentales, ya sea por raíz, esqueje o tallo, así como llevar a cavo el trasplante de las pequeñas plantas que hayan brotado de la siembra del mes anterior.

▸ Es una buena época para la plantación de bulbos de gladiolo. Para realizarlo utilizaremos bandejas con tierra de turba húmeda, de esta forma obtendremos flores más temprano.

▶ En el *jardín*, a pesar de que la temperatura sea más suave que en el mes anterior, conviene seguir revisando las protecciones de plástico y las cercas, pues en estas fechas en algunas zonas los riesgos de heladas y nevadas son aún mayores.

▶ Debemos comprobar si hay ramas rotas o resquebrajadas por el viento para retirarlas. Si alguna planta con tubérculos, como las dalias, presentara señal de pudrimiento, hemos de cortar la zona afectada con un cuchillo y a continuación agregar polvos sulfurosos para evitar la propagación de la enfermedad. Si no lo hizo en el mes anterior y las condiciones del terreno lo permiten, es conveniente preparar la renovación del césped retirando las partes muertas. Al finalizar el mes podemos llevar a cabo la primera poda de los setos.

▶ En el *huerto*, y sólo si vivimos en regiones templadas, podemos llevar a cabo el trasplante de aquellos semilleros de pepinos, nabos, repollos de primavera, zanahorias, tomates tempranos o rábanos que hicimos durante el mes de septiembre. Antes del trasplante debemos preparar el terreno añadiéndole abono orgánico o estiércol.

▶ Si el clima no es demasiado frío, también podemos sembrar directamente en la tierra algunas hortalizas como rábanos, fresas, perejil, espárragos, puerros, lechugas de primavera, etc. Si, por el contrario, el clima no es propicio, podemos realizar estos semilleros pero mantenerlos cubiertos con un cristal o en invernadero.

▶ Para su cultivo, hemos de marcar directamente en la tierra la hilera con un cordel atado a dos palos. Hacemos un surco en esta hilera con una pala y colocamos las semillas que anteriormente habremos tratado con un producto fungicida especial para semillas, a la distancia y profundidad adecuada, dependiendo del tipo de hortaliza. A continuación, cubrimos las semillas con la tierra y regamos si el terreno estuviera muy seco. Finalmente, apelmazamos la tierra pisándola y las protegemos haciendo un túnel de cañas cubierto de plástico.

▶ Si todavía no somos expertos, convendrá que etiquetemos cada hilera con el nombre de la hortaliza y la fecha de la siembra para saber lo que tenemos en cada una.

Marzo

▶ Éste es un mes de gran actividad para todas las plantas, también para las de *interior*. El desarrollo vegetativo será muy rápido, necesitando, por tanto, un mayor consumo de agua. Es importante conocer las necesidades de agua de cada planta, pues aunque los riegos han de ser abundantes no todas las plantas requieren la misma cantidad. Hemos de rociar las hojas y limpiarlas al menos una vez por semana. El agua de lluvia es beneficiosa para las plantas de interior, por lo que debemos aprovechar cuando llueva para sacarlas fuera, pero sin olvidar meterlas de nuevo en casa al atardecer.

▶ Es un mes en el que debemos utilizar los fertilizantes eligiendo entre los líquidos o los sólidos, pero atendiendo bien las indicaciones del producto para echar la dosis adecuada. Si en los meses anteriores no hizo la reproducciones que deseaba, todavía está a tiempo. Es un mes adecuado para prevenir el ataque de los parásitos; utilice productos fitosanitarios rociándolos con pulverizadores.

▶ Las plantas de *exterior* en nuestros balcones o terrazas requieren mayor frecuencia en los riegos y la aplicación de fertilizantes. En este mes comienzan a florecer algunas plantas, como la azalea o el jazmín amarillo, y hemos de cuidar que no les falte nunca el agua.

▶ Podemos trasplantar las pequeñas plantas que hayan crecido en los semilleros que pusimos los meses anteriores, y también podemos seguir sembrando las especies que florecerán más avanzado el verano. Aunque podemos comenzar a retirar los plásticos que cubrían las macetas, no debemos confiarnos, pues en este mes todavía se dan noches frías.

▶ La temperatura en el exterior aún no es muy cálida, por ello debemos utilizar el *invernadero* para plantar y sembrar aquellas semillas, esquejes o productos alimenticios que más adelante trasplantaremos al jardín o al huerto.

▸ Colocando en el invernadero las semillas de los alimentos que más tarde podremos trasplantar, conseguiremos una cosecha más temprana, sin necesidad de esperar a que mejore el tiempo para poder sembrarlas en el exterior.

▸ Debemos empezar a regar las plantas con más frecuencia, así como solear el invernadero durante el día, pero sin olvidar cerrar las ventilaciones durante la noche.

▸ Las enfermedades de hongos e insectos se propagan en el invernadero muy fácilmente, por ello hemos de observar las plantas muy minuciosamente, para, si esto ocurriera, poder controlarlo a tiempo.

▸ Dependiendo de las lluvias que haya habido durante este mes, nuestro *jardín* necesitará riego o le bastará con el agua acumulada.

▸ Si ha llovido poco y necesitamos regarlo, debemos hacerlo por la mañana, así evitaremos el daño que pudieran causarle las probables heladas. También podemos llevar a cabo la siembra que durante el mes de febrero no pudimos hacer por causa del mal tiempo. Si va a plantar árboles o arbustos nuevos, conviene hacerlo con cepellón y a la misma profundidad que tenían en el vivero.

▸ Por último, y si no realizó la poda de los rosales en el mes anterior, ésta será la última oportunidad de hacerlo para que surta efecto.

▸ Durante el invierno hemos protegido nuestro *huerto* con hojas y paja para evitar las heladas, éste es el momento de empezar a retirarlas y remover la tierra, mezclándola con materia orgánica en descomposición que le proporcionará los nutrientes necesarios. Hemos de retirar las malas hierbas que pueden influir en el buen crecimiento de nuestros árboles, para ello lo mejor es aplicar herbicidas a su alrededor.

▸ El riego del huerto es indispensable, ya que tendremos en él muchos productos recién plantados, pero con la precaución de no echar un exceso de agua. La mejor forma de regar el huerto es abriendo surcos a lo largo de las hileras sembradas, de esta forma el riego no erosionará el terreno.

▸ Éste es buen momento para la siembra de la patata, así como de muchas hortalizas de las que recogeremos el fruto a lo largo del verano. La mejor forma de sembrar las patatas es elegir aquellas que tengan varios brotes. Cortamos algunos de ellos, dejando solamente dos o tres de los más vigorosos, y los colocamos a una profundidad de 25 cm con los brotes hacia arriba, y a una distancia de unos 15 cm unos de otros. A continuación, cubrimos los tubérculos con una capa de tierra debidamente abonada y se riega.

Abril

▸ Nuestras plantas de *interior* han de ser cuidadas de forma muy similar al mes anterior, sólo hemos de acortar la distancia entre cada riego. Esta mayor o menor frecuencia estará sujeta a la temperatura exterior, de forma que, si es estable, podremos sacarlas fuera durante algunas horas, con la precaución de no ponerlas en lugares donde las dé el sol de forma directa, pues casi todas las plantas de interior son muy sensibles a él.

▸ Si todavía no hemos añadido fertilizantes, es el momento de hacerlo y remover la tierra para que no se quede una costra dura en la superficie. También hemos de comprobar las plantas que han de ser trasplantadas a otras macetas; si las raíces han cubierto todo el cepellón, es señal que la planta necesita una maceta mayor y tierra nueva.

▸ Éste es un buen mes para hacer la propagación de algunas plantas, como la poinsetia, el ficus o la dieffembachia.

▸ En las plantas de *exterior* todavía podemos llevar a cabo algunas siembras recomendadas para este mes. Podemos trasplantar aquellas que habíamos puesto en semilleros y que para estas fechas ya habrán crecido lo suficiente.

▸ Por último, pulverizar con algún producto fitosanitario es la mejor forma de prevenir ataques de insectos.

▸ En este mes hemos de realizar una buena ventilación en el *invernadero* para que el aire circule libremente, evitando así el exceso de condensación y los cambios de temperatura.

▸ Los riegos han de ser más frecuentes y si el invernadero está situado de forma que le da el sol directamente debemos cambiar las plantas que no lo admitan a lugares más sombreados.

▸ Ya podremos trasplantar las semillas que habíamos puesto en bandejas, haciéndolo con delicadeza, ya que aún estarán muy tiernas. Y por último, hay que estar muy pendiente de cualquier ataque de insectos o enfermedades fungosas.

▸ Para el *jardín* éste es un mes de gran actividad, ya que muchas son las labores que hemos de atender, como son: las siembras, los trasplantes, la poda del césped, los fertilizantes y la limpieza.

▸ A principio de la primavera ya podemos ver la mayoría de los árboles frutales en flor, brotando primero los de hueso para hacerlo a continuación los frutos de pepita. Sin embargo, todavía es una época en la que se puede producir alguna helada, arruinándonos así el primer fruto. Si prevemos que la noche puede ser fría, podemos evitar que se hielen efectuando un riego.

▸ Éste es un buen momento para sembrar un nuevo césped o podar el que ya tiene, limpiándolo además de malas hierbas, que puede arrancar con la mano, y añadirle un buen herbicida.

▸ Un vallado de coníferas no sólo dará un bonito aspecto a nuestro jardín, sino que, además, protegerá del viento los arbustos más débiles. El sembrado de coníferas se hace directamente en la tierra abriendo un hueco dos veces superior al cepellón que vamos a plantar, agregando mantillo en el fondo, colocando la planta y cubriéndola de tierra.

▶ Durante este mes en el *huerto* podemos llevar a cabo la siembra de todas las hortalizas más corrientes, quitar las cubiertas protectoras y podar las ramas muertas de todos los arbustos.

▶ La siembra de achicorias, acelgas, escarolas, lechugas, guisantes, espárragos, espinacas, etc., se realiza de forma muy similar: preparamos primero lo que se llama «la cama de semillas», que sólo es la mezcla de las semillas con polvos contra los hongos. A continuación, hacemos un surco con la pala, poniendo en él las semillas haciendo una doble línea con una separación de unos 15 cm; cubrimos las semillas con tierra con la ayuda de un rastrillo y, por último, regamos.

▶ En este mes hemos de controlar el crecimiento de las malas hierbas, así como realizar la incorporación del abono orgánico.

Mayo

▶ Aumentar el riego de nuestras plantas de *interior* es algo que debemos seguir haciendo, pero con la precaución de no echar agua en exceso, pues esto también las perjudicaría.

▶ No todas las plantas de interior necesitan la misma luz, hemos de escoger el sitio más idóneo para cada una. Si en nuestra casa entra el sol directamente, hay que observar si le da demasiadas horas a alguna planta a la que no le convenga.

▶ Si vamos a comprar alguna planta más, tendremos en cuenta el lugar donde la vamos a colocar para saber qué tipo es el más adecuado. Para finalizar, tenemos que seguir quitando las hojas secas a las macetas y limpiar todas las hojas con un algodón, al menos una vez al mes.

▶ Para nuestras plantas de *exterior* la orientación de nuestra casa es importante, de forma que si el lugar donde están situadas, ya sean balcones o terraza, recibe el sol de forma directa sobre todo en las horas del mediodía, tendremos que colocar un toldo que las proteja de él. De esta forma no sólo las protegeremos de quemaduras en sus hojas, sino que también evitaremos que el agua se evapore demasiado pronto, y tener que regar con demasiada frecuencia. El riego durante este mes es más adecuado por la mañana o por la noche.

▸ Si queremos adornar aún más nuestra terraza, podemos hacerlo trasplantándolas a recipientes más decorativos. En este mes los rosales estarán en plena floración, por lo que al menor síntoma de enfermedad los rociaremos con algún insecticida. También conviene aplicar fertilizante, ya que éste es un mes de gran desarrollo para nuestras plantas.

▸ La limpieza en el *invernadero* siempre es importante, no debemos descuidarla, pero, además, este mes debemos proteger las zonas más soleadas, cubriéndolas adecuadamente. Es importante la ventilación durante esta etapa, pero todavía pueden darse días de fuertes vientos; si esto ocurre, bastará con abrir los ventiladores.

▸ El crecimiento de las plantas durante este mes es muy vigoroso, por ello será necesario el aumento de riego, así como la aplicación de fertilizantes. Algunas plantas habrán crecido lo suficiente como para llevar a cabo su trasplante a otras macetas, y otras por su desarrollo necesitarán un tutor; ate a él los tallos y tenga cuidado de no dañar sus raíces.

▸ Los semilleros que hicimos durante los meses anteriores habrán comenzado su crecimiento, y es el momento de observar cualquier tipo de enfermedad que pueda atacarles para corregirlo nada más comenzar los primeros síntomas.

▸ Podemos sembrar calabacines en macetas, que al mes siguiente trasplantaremos al huerto. Para ello mezclamos tierra y mantillo suficientemente húmedos y llenamos las macetas afirmándola bien, colocamos una semilla por maceta y la cubrimos con una ligera capa de la mezcla. Para finalizar, colocamos las macetas en un lugar donde puedan recibir calor desde abajo y las cubrimos con un plástico opaco.

▶ Otra siembra que podemos realizar en este mes es la prímula en macetas, pero las semillas de esta flor son muy pequeñas, por lo que debemos esparcirlas con cuidado para que queden lo más homogéneamente posible. No es necesario cubrirlas con tierra y bastará con presionarlas un poco con la mano, aunque debemos cubrir la maceta con un cristal y sobre éste colocar un papel de periódico. Después las ponemos en un lugar templado del invernadero y las observamos frecuentemente para ver cuándo germinan.

▶ Por último, podemos trasplantar al huerto o jardín las plantas que hayan enraizado, como fucsias, crisantemos o geranios.

▶ Para nuestro *jardín*, mayo comienza a ser un bonito mes, no sin razón se le ha llamado el mes de las flores. El calor que ya se empieza a notar hará florecer muchas plantas, sobre todo los rosales. Tendremos que poner especial cuidado en el riego, el cual se hará con mayor frecuencia, pues es vital para el correcto desarrollo de las plantas. A todas aquellas plantas que estén en plena floración, como son los árboles frutales, no deben faltarles el agua, al igual que al césped. Ya podemos descubrir aquellas macetas que por miedo a las heladas teníamos cubiertas.

▶ La instalación de tutores en aquellas plantas que tengan largos tallos será necesaria para que éstos no se rompan. El trasplante de los semilleros que teníamos en invernadero, como los crisantemos, ya podemos realizarlo.

▶ La poda de los setos ya se realizó en los meses anteriores, pero, aun así, no todas las zonas crecen por igual; si queremos tenerlo bien alineado, debemos despuntar aquellas zonas que sobresalgan.

▶ La limpieza de malas hierbas, tanto en el seto como en los árboles, será una labor diaria si no le aplicamos un buen herbicida. El amplio crecimiento de todas las plantas requerirá la aplicación de fertilizantes químicos, así como de insecticidas y pesticidas que prevengan las enfermedades.

▸ Por último, podemos sembrar las plantas de floración anual y que no requieren la previa siembra en semillero, ya que se hace directamente en el suelo, como por ejemplo: campanillas, capuchinas, petunias, caléndulas, guisantes de olor, etc.

▸ Son muchas las hortalizas que podemos sembrar durante este mes en nuestro *huerto*; algunas siembras ya las hicimos en el mes anterior en semilleros, ahora podemos hacer su trasplante. Otras podemos sembrarlas ahora, como son: coles, fresas, judías verdes, lechugas de verano, pepinos, perejil, salvia, alcachofas, cebollas, etc. Para cada una de estas hortalizas debemos preparar bien el terreno y el lugar adecuado, pues las judías verdes, por ejemplo, requieren tutores y cañas en forma de cabaña, por las que iremos atando sus tallos.

▸ La siembra de zanahorias, que también podemos hacer este mes, debe realizarse a muy poca profundidad, colocando las semillas en cada hilera a una distancia de unos 15 cm. Las semillas que pusimos durante los meses anteriores pueden estar creciendo de forma muy espesa y esto impedirá el buen crecimiento de todas. Debemos arrancar las muy pequeñas y dejar sólo las más vigorosas; a esto se le llama labor de aclareo.

▸ Las pequeñas plantas que empiezan a brotar son muy atractivas para los pájaros y debemos protegerlas mediante un alambrado protector o rejillas de plástico.

▸ Durante este mes son muchas las siembras o trasplantes que hacemos, no olvidemos regar después de cada uno de ellos. El uso de herbicidas será imprescindible, ya que el crecimiento de las malas hierbas impedirá que tengamos una buena cosecha.

Junio

▸ Si ya el mes anterior aconsejamos aumentar la frecuencia de riego en las plantas de *interior*, ahora debemos hacerlo cada quince días y añadiendo siempre un fertilizante que diluiremos en el agua.

‣ Ésta es una buena época para el crecimiento de las plantas de interior, pero también lo es para el posible ataque de insectos en ellas, por eso hemos de observar con detenimiento las zonas más propicias para ello, como son: las áreas de crecimiento nuevo, la axila de la hoja, la superficie del tallo, la superficie del suelo y el envés de la hoja.

‣ Si nuestra casa está orientada al sur y tenemos plantas en zonas de mucho sol, debemos sombrearlas o bien retirarlas en las horas de mayor insolación.

‣ No está de más decir que también las plantas de *exterior* tienen mayores necesidades de agua en estas fechas, por lo que hay que intensificar los riegos. Para mantener la humedad de los tiestos podemos poner en ellos una capa de turba, y si el sol es muy directo en nuestro balcón debemos colocar un toldo que las proteja, sobre todo en las horas de mayor insolación.

‣ Algunas plantas terminarán su floración en este mes; podemos ir reemplazándolas por otras semillas que nos darán flores en los meses sucesivos, como pueden ser las petunias o las anémonas.

‣ A las plantas que durante este mes se desarrollen de forma muy vigorosa debemos sujetarles los tallos nuevos con tutores o rafia en la que puedan enrollarse.

‣ Para el *invernadero* éste pude ser un mes de altas temperaturas, por lo que no debemos descuidar su correcta ventilación y mantener continuamente el ambiente húmedo.

‣ Es el momento de trasplantar a los tiestos las semillas que habíamos puesto en bandejas en los meses anteriores, así como propagar muchas plantas, como las begonias, el streptocarpus o las poinsetias.

‣ Las enfermedades fungosas o el ataque de insectos son los peligros de esta época; no debemos dejar de aplicar por aspersión los correctos productos fitosanitarios. A medida que la temperatura exterior vaya subiendo, podemos ir sacando plantas del invernadero al jardín, dejando espacio para nuevas siembras.

▸ Ésta es una buena época para sembrar pepinos en semillero. Para ello conviene humedecer el mantillo, colocando después una semilla en cada tiesto de unos 10 cm de diámetro. A continuación se cubren las macetas con un plástico opaco y se observan frecuentemente, pues tan pronto germinen hemos de retirarles el plástico.

▸ Si en los meses anteriores cultivamos tomates en el invernadero, éstos ya estarán listos para su recolección.

▸ En el *jardín*, a partir de ahora los riegos han de ser más abundantes. Para facilitar esta labor, y sobre todo si tenemos sembrado césped, podemos elegir desde la manguera hasta el riego totalmente automático o quedarnos en el riego por aspersión semiautomático. En el riego automático las tuberías son fijas e internas, además de programables, dependiendo de las necesidades de agua de cada zona. Esta elección es la menos económica, pero la que nos librará de mayores preocupaciones.

▸ La poda del césped será necesario hacerla al menos una vez por semana, así como recortar los bordes que se hallan estropeado. Si aparece hierba amarilla en el césped puede deberse a varias razones: no haber retirado la hierba cortada, haber dejado crecer demasiado la hierba sin podarla, no regarlo lo suficiente o haber sido atacado por hongos parásitos. Si el problema fuera este último, deberemos atacarlo inmediatamente mediante la aplicación de productos fitosanitarios.

▸ La labor de escarda será otra de las que tengamos que realizar frecuentemente, pues de lo contrario las malas hierbas invadirán el jardín en poco tiempo. Utilice una azada para la eliminación de estas hierbas, con la precaución de no dañar al resto de las plantas. Si esto no fuera suficiente, será necesario la aplicación de herbicidas.

▸ El crecimiento de las plantas durante este mes es grande, debemos observar aquellas que alcancen unas dimensiones que necesiten un tutor.

▸ Durante este mes podemos realizar la propagación de claveles cortando tallos que no tengan flor a un tamaño de unos 10 cm. Se limpia de hojas la base del corte y se mete en un polvo hormonal. A continuación, se colocan los tallos alrededor del tiesto regándolo con frecuencia, situándolos en un lugar soleado.

▸ Mantener limpio el jardín de hojas secas será otra labor necesaria y si, además, tenemos la precaución de retirar las flores secas de las plantas en flor, conseguiremos que el resto de las flores crezcan más vigorosas.

▸ En el *huerto* ya estaremos recogiendo algunas cosechas de las siembras que hayamos realizado en los meses anteriores, y esto nos irá dejando lugar para sembrar otros productos como judías, zanahorias, espinacas, nabos, apios, etc.

▸ Los semilleros que hicimos de cebollas y puerros podrán ser trasplantados, dejando una distancia de unos 15 cm entre ellos, y una distancia de unos 30 cm entre cada hilera. Antes de sembrar las cebollas y los puerros conviene cortar las raíces por la mitad, y una vez realizado el trasplante es necesario regarlas.

▸ Si anteriormente hicimos semilleros de tomates, también estarán listos para el trasplante. Es conveniente regar bien el tiesto antes de sacar el cepellón para que éste pueda salir completo.

▸ La aplicación de fertilizantes, orgánicos o químicos, será necesaria durante este mes, así como el control continuo de riegos.

Julio

▸ El riego en las plantas de *interior* durante el mes de julio ha de ser abundante, pero lograremos despreocuparnos un poco de esta labor colocando una capa de turba empapada en agua en cada maceta, ya que retiene más cantidad de humedad.

▶ La luz es imprescindible para las plantas de interior, pero no confundamos luz con sol directo, pues muchas horas expuestas al sol puede acabar arruinando la planta, así como las corrientes de aire. Por ello debemos buscar lugares donde les dé la luz pero no el sol y sobre todo no se produzcan corrientes de aire. Tampoco es conveniente para las plantas de interior los cambios bruscos de temperatura; esto es importante a tener en cuenta si disponemos de aire acondicionado.

▶ Durante este mes podemos dejar descansar a las plantas de fertilizantes, pero no les debe faltar el agua, problema que se nos puede presentar si hemos planeado salir de vacaciones y no tenemos quién nos las cuide. Si las vacaciones van a durar sólo unos días, bastará con poner todas las plantas en la misma habitación con un plato debajo de cada una de ellas lleno de agua y regar abundantemente, incluso las hojas, antes de salir. Al estar todas juntas habrá una mayor cantidad de humedad en el ambiente y como consecuencia menos evaporación.

▶ La situación es muy diferente si las vacaciones van a durar quince o treinta días; para estas ocasiones lo más idóneo son las hidrojardineras (jardineras con reserva de agua), o buscar una persona que nos las cuide, pues agua no les puede faltar.

▶ Por último, continuar con la labor de limpieza de flores y hojas secas.

▶ Al igual que hemos hecho con las plantas de interior, en las de *exterior* una capa de turba mojada prolongará la humedad en ellas. Observe si en su balcón o terraza los rayos directos del sol llegan durante muchas horas, porque si fuera así necesitará sombrear la zona donde tenga colocadas las macetas.

▶ Mantener las plantas limpias de hojas secas y flores mustias hará que se prolongue la floración. También podemos recoger los bulbos de las flores que brotaron en primavera, así como llevar a cabo la siembra de algunas plantas indicadas para este mes y de las que podemos pedir información en nuestra floristería habitual.

‣ Si queremos recoger semillas para la temporada siguiente, deberemos dejar secar la flor en la planta y recoger las semillas cuando esté completamente seca. Es obvio mencionar que no puede faltarles el agua, siendo más aconsejables los riegos a primera hora de la mañana o primeras horas de la noche.

‣ De todas las labores que hemos de realizar en el *invernadero* el riego es la más importante, pero mantener una buena ventilación y sombrear las zonas más soleadas son trabajos igualmente necesarios. Durante este mes podemos seguir reproduciendo plantas mediante esqueje. Para ello se cortan los esquejes más vigorosos, se introduce la base del tallo en un producto hormonal y se colocan en cajas bien regadas.

‣ Una planta de fácil reproducción mediante este método es el coleo en todas sus variedades, y lo podemos realizar durante estos días, escogiendo tallos de unos cinco centímetros. Se eliminan las hojas de la base y se introducen en tiestos que contengan un medio arenoso.

‣ Las plantas que alcancen un gran desarrollo deberán ser protegidas con tutores, así como mantener la vigilancia de cualquier enfermedad para que pueda ser contraatacada rápidamente.

‣ Este mes será más o menos duro para su *jardín* dependiendo de la zona en la que usted viva. Para mantener verde el césped requerirá que le prestemos especial cuidado. La siega debe realizarse cuando el césped presenta un aspecto seco, nunca cuando esté recién regado. A continuación, debemos limpiarle de la hierba cortada y de todas las hojas secas que podemos ir acumulando para formar el compost. Esta limpieza podemos realizarla con una escoba de jardín, hecha a partir de ramas secas de abedul o brezo, que a la vez que limpia levanta la hierba, logrando así un mejor aspecto.

‣ Para que el agua penetre mejor, antes del riego conviene realizar una labor con el rastrillo o la horca, que consiste en clavarlos sobre el terreno con una distancia de unos veinte centímetros.

▸ Si vemos que nuestro césped no tiene un buen crecimiento a pesar de estar bien regado y cuidado, puede deberse a la falta de nitrógeno; esto debemos suministrárselo mediante fertilizantes químicos.

▸ Si desea utilizar las flores que están brotando en su balcón para decorar el interior de su casa, hágalo cortándolas con unas buenas tijeras de podar que no dañen la planta. Para que duren más tiempo, córtelas cuando aún no se hayan abierto del todo; esto también le servirá como poda para la planta.

▸ Preste atención a aquellas semillas que desee conservar para la temporada siguiente a fin de recogerlas de las flores más vigorosas, así como cortar las flores secas y evitar que las semillas se esparzan por el jardín.

▸ Será necesaria la vigilancia continua por si apareciera algún síntoma de enfermedad y poder atacarla con los fitosanitarios más adecuados. Un fertilizante químico será muy beneficioso para los arbustos, así como la poda de sus ramas más viejas.

▸ Durante los meses de septiembre u octubre, podemos obtener las flores de las semillas que durante este mes podemos sembrar directamente en la tierra, pero a la sombra. Algunas de las plantas que podemos sembrar son: campanillas, caléndulas, verdolaga de flor grande, crisantemo carinatum, juliana de Mahón, etc.

▸ Éste puede ser un buen mes de cosecha en nuestro *huerto*, como por ejemplo las patatas tempranas o los ajos. Las patatas una vez extraídas de la tierra debemos conservarlas en lugares secos y oscuros. Para recoger los ajos debemos esperar a que la parte aérea esté seca, síntoma de que el ajo ya está maduro. Se sacan de la tierra con cuidado, se sacuden para limpiarlos un poco y se cuelgan en lugar soleado para que se produzca el proceso de secado. Una vez las hojas estén secas, se pueden hacer trenzas con ellas y colgarlas en lugares secos, o bien cortar las hojas dejando sólo la cabeza y colgarlas en bolsas de red.

▶ En el terreno que nos ha quedado libre podemos sembrar algunas hortalizas de las que se ponen directamente en la tierra, como son: brécoles, acelgas, achicorias, coles, cebollas blancas, nabos, pepinos, lechugas, puerros, perejil, zanahorias, etc. Si hemos sembrado calabacines, ésta puede ser la época de su recolección; una vez cortados, debemos ponerlos al sol para que terminen de madurar.

▶ En las hortalizas que se encuentren cultivadas de forma muy densa, podemos realizar el aclareo, que consiste en entresacar las plantas menores dejando más espacio libre para el crecimiento de las otras.

▶ Ninguna planta debe sufrir la falta de agua durante este mes, menos aún las recién trasplantadas o sembradas.

Agosto

▶ El factor más importante de este mes para las plantas de *interior* es el riego, el cual ha de ser casi diario, pues las altas temperaturas pueden hacer que una planta pierda totalmente la humedad en muy poco tiempo.

▶ Otra precaución a tener en cuenta es la de mantener las plantas alejadas del sol. Estas labores, y mantener las hojas limpias mediante un algodón húmedo y libre de hojas y flores secas, será lo más necesario en esta época.

▶ También puede ser que alguna planta presente síntomas de carencia de algún nutriente, por lo que será necesario aplicar un estimulante hormonal con el agua de riego.

▶ También para las planta de *exterior* el riego es lo más importante, así como proteger las macetas del sol directo en las horas de más insolación. Conviene regar al anochecer, a la vez que removemos la costra seca que se ha formado en la capa superior.

▶ Alguna variedad de rosas, como la poliantha, se puede volver a podar, con la precaución de no regarla hasta transcurrida una semana desde la poda.

▸ Nuestros balcones estarán de lo más florido, pero no por ello será necesaria la fertilización en estos días; sin embargo, sí lo es el control de enfermedades mediante la administración de los fitosanitarios más recomendados.

▸ Mantener la humedad en el *invernadero* puede ser la mayor tarea, y esto lo podemos conseguir fácilmente mediante adecuados programadores para el riego por aspersión.

▸ Seguir con la propagación de algunas plantas puede ser un buen entretenimiento en estos días, que para muchos pueden ser de ocio. Para multiplicar fucsias o gladiolos, debemos coger los bulbos y ponerlos a enraizar en bandejas; de esta forma obtendremos una floración más temprana.

▸ Para la multiplicación de fucsias, tomaremos ramas sin flor de la planta madre. Se eliminan todas las hojas de la base del tallo cortado y se introducen alrededor de un tiesto, cubriéndolo después con un plástico transparente y agujereado. Éste se sujeta con unas barillas para que el plástico no toque la pequeña planta, y se coloca en un lugar sombreado hasta que comiencen los nuevos brotes.

▸ En el *jardín* es indispensable no descuidar los riegos. La siega semanal del césped será una labor rutinaria que no debemos abandonar, así como regarlo diariamente.

▸ La plantación de narcisos que florecerán en la primavera siguiente puede hacerse ahora, poniéndolos a una distancia entre ellos de unos 10 o 12 cm. También puede plantar bulbos de jacintos o tulipanes, colocándolos a una distancia de unos 30 cm y a una profundidad de 10 cm.

▸ Éstas son labores de planificación para la temporada siguiente, pero también podemos ir preparando el terreno para las nuevas siembras, aplicándole materia orgánica.

▸ No debemos olvidar la revisión de los tubérculos almacenados, pues alguno puede presentar síntomas de podredumbre. Si esto ocurriera, deberá cortar las partes afectadas con un cuchillo y aplicar después un fungicida sulfurado que detenga el proceso.

▸ Si tenemos plantados crisantemos, podemos prolongar la floración hasta el otoño cortando los brotes más débiles y suministrándoles anticriptogámicos.

▸ Si en nuestro jardín disponemos de árboles frutales, es muy probable que ya podamos recolectar la fruta, que almacenaremos debidamente.

▸ Éste es un mes de abundante trabajo en el huerto, pues ya podemos ir cosechando los tomates que hayan madurado, extraer las patatas, así como los pepinos y calabacines.

▸ Para recoger los tomates, y si vemos que la mata ya no va a tener más cosecha, se retiran las cañas mediante las cuales hemos estado sujetando la planta, y tendemos toda la mata sobre la tierra con la precaución de haber colocado una capa de paja debajo para que los tomates no se manchen. Finalizada la recolección, se arranca la mata en su totalidad.

▸ Las patatas se extraen de la tierra mediante el azadón. Si las vamos a guardar, antes de recogerlas se dejan extendidas para que les dé el sol durante unas horas. También podemos utilizar alguna para ser plantada de la forma habitual y así obtener una cosecha de patatas tempranas en Navidad.

▸ El terreno que le dejaron libre las patatas y los tomates puede ahora utilizarlo para sembrar lechugas resistentes al frío, aunque si vive en una zona donde el clima no sea benigno deberá cubrirlas con plásticos y aplicar antes de la siembra alguna materia orgánica.

▸ Otra precaución que debe tomar es proteger las nuevas siembras mediante redes de las picaduras de los pájaros.

▸ El riego ha de ser abundante en el apio, calabacines, judías, etc., pues en esta época se encuentran en plena maduración. Por ello, podrá ir cosechando todo lo que vaya madurando, como cebollas, judías y guisantes.

Septiembre

▸ Éste es un mes tranquilo para las plantas de *interior*, ya que las temperaturas van disminuyendo y podemos ir distanciando los riegos.

▸ Es el momento de colocar los bulbos que darán flor en el invierno.

▸ Si disponemos de cactos y durante el verano los hemos tenido en el exterior, es el momento de guardarlos dentro de casa en un lugar donde no sufran fuertes cambios de temperatura.

▸ Los riegos durante este mes en las plantas de *exterior* dependerán mucho del clima, pues a medida que las temperaturas bajen éstos se irán distanciando.

▸ Los días más secos y sin viento podemos aprovecharlos para recoger las semillas de aquellas plantas que queramos continuar su cultivo la temporada siguiente. Antes de guardarlas conviene ponerlas en un recipiente a la sombra para que se sequen, y una vez secas procederemos a guardarlas en sobres independientes con las indicaciones que queramos recordar de la planta.

▸ Seguiremos eliminando las hojas y flores marchitas, de esta forma lograremos nuevos brotes prolongando la floración.

▸ Todavía es época de vigilar la existencia de plagas, y si observamos algunas hojas enfermas será mejor eliminarlas.

▸ En el *invernadero* ya es momento de ir retirando los sombreados que colocamos para los meses anteriores, a la vez que limpiamos los cristales para que entre bien la luz. La limpieza y desinfección de todos los utensilios, así como del suelo, nos librará de posibles enfermedades.

▸ Durante este mes podemos seguir haciendo la propagación de algunas plantas mediante esquejes, así como plantar bulbos de flor para el invierno. Algunos de los que podemos poner son: narcisos, jacintos y tulipanes. Para su plantación se elimina cualquier resto de la raíz vieja y las zonas que creamos enfermas. A continuación, se coloca el bulbo de forma que su base esté en sentido vertical con la tierra, cubriéndolos casi en su totalidad.

▸ La siembra de algunas hortalizas, como zanahorias, lechugas, espinacas, remolachas, rábanos y cebollas, en invernadero, nos permitirá no preocuparnos de llenar la despensa en Navidad, pues para entonces tendremos nuestra propia cosecha.

▸ En el *jardín* la limpieza de hojas secas caídas en el césped, así como su siega y la eliminación de malas hierbas, seguirá siendo una labor rutinaria. Es el momento de airearle con una horca y añadir una capa de turba y arena, además de aplicarle un buen herbicida.

▸ Ahora podemos planificar el jardín para la temporada siguiente, plantando árboles y arbustos de hoja perenne. Para ello hemos de abrir un agujero en el suelo mayor que el cepellón que vayamos a meter en él. Se añade un poco de fertilizante en el fondo y se introduce el nuevo árbol; se cubre de tierra, apretando un poco a su alrededor, y regamos.

▸ Los árboles que ya tenía anteriormente deberán ser fumigados con productos fitosanitarios, aunque si esto lo hizo el mes anterior ya no será necesario.

▸ Si tiene plantas que han terminado su floración, deberá arrancarlas y retirar sus semillas si desea replantarla la temporada siguiente. A continuación debe dar vuelta a la tierra para airearla y disponerla para las próximas siembras.

▸ Los rosales más atractivos pueden ser multiplicados mediante esquejes. Corte tallos de unos 25 cm, eligiendo los de más vitalidad; elimine todas las hojas, excepto las del extremo, y después se hace un surco en donde se echa un poco de arena y en él se introducen todos los tallos en hilera; se tapa con tierra y se riega.

▸ Podrá seguir cosechando el fruto de lo sembrado, guardando la fruta en un lugar libre de humedad y retirando aquellas piezas que tengan alguna zona dañada, pues éstas podrían contagiar al resto.

▸ Seguir cosechando productos del huerto será una práctica diaria, pues son muchas las hortalizas que ya podremos ir retirando, como las cebollas, las zanahorias o las judías.

▸ Cuando la parte aérea de la cebolla se vuelve amarilla, se sacan los bulbos y se dejan en el suelo para que se sequen. A continuación, se secan bien y se cuelgan en lugares secos y fríos, pero libres de humedad para impedir que las cebollas vuelvan a brotar.

▸ Sólo en las zonas más templadas se puede llevar a cabo la siembra de hortalizas, como zanahorias, lechugas, remolachas o espinacas, pues en zonas más frías no resistirán las bajas temperaturas.

▸ Otra de las hortalizas que podemos ir cosechando es la espinaca, y para ello iremos cortando las hojas más jóvenes; así, además, se estimula el crecimiento de la planta.

Octubre

▸ Las plantas de *interior* han tenido un gran desarrollo durante el verano, por esta causa y por los abundantes riegos que han ido lavando las raíces, puede que se encuentren escasas de algunos nutrientes, por lo que es conveniente la aplicación de fertilizantes.

▸ Las corrientes de aire son un peligro durante este mes, a lo que debemos poner especial cuidado.

▸ Algunas plantas se marchitan después del verano, pero podemos plantar en su lugar nuevas especies, ya sea comprándolas o reproduciendo otras de las que ya tengamos.

▸ No olvidemos lo importante que es la limpieza de las hojas y la eliminación de las flores marchitas para que la planta se mantenga más vigorosa.

▸ En las plantas de *exterior* podemos realizar la división de las plantas herbáceas que hayan tenido un gran crecimiento. Ya habrá terminado la floración de las plantas anuales, por lo que es conveniente extraer la mata en su totalidad de la maceta y dejar el lugar para nuevas siembras.

▶ El descenso de temperatura nos recuerda que debemos atender las plantas más sensibles colocándolas en lugares protegidos donde no sople el viento, así como ir disminuyendo los riegos.

▶ Durante este mes podemos planificar la temporada siguiente plantando nuevas trepadoras y arbustos.

▶ Mantener la higiene en el *invernadero* es importante si queremos evitar la propagación de enfermedades.

▶ Las necesidades de agua ahora comienzan a ser menores; sin embargo, debemos mantener una buena ventilación.

▶ Dado que se acerca la época invernal, no estará de más que comprobemos el buen funcionamiento de la calefacción y hagamos una revisión a los posibles plásticos o cristales rotos.

▶ Podemos seguir con la reproducción por esqueje de algunas plantas, así como la siembra de los bulbos que nos permitirán tener un invernadero florido incluso en el invierno. Los bulbos de los jacintos pueden florecer en enero y los narcisos lo harán durante el invierno o, como muy tarde, a principios de primavera.

▶ Si durante el verano hemos sacado plantas al jardín, de las que no resisten las bajas temperaturas, es el momento de guardarlas de nuevo en el invernadero.

▶ Por último podemos ir preparando los semilleros de algunas hortícolas que producirán en primavera.

▶ Las primeras lluvias harán que descansemos un poco de los riegos en el jardín, pero no de todas las labores, pues la limpieza y siega del césped sigue siendo una labor rutinaria.

▶ Los desperdicios de la siega y las hojas secas que caen de los árboles podemos ir acumulándolos en un rincón del jardín y utilizarlos más tarde para proteger otras plantas de las heladas.

▶ Las plantas herbáceas también necesitan ser limpiadas de las hojas secas y renovar su terreno aplicándole una nueva capa de turba.

▶ Durante este mes podemos ir aireando y renovando el terreno, aplicándole materia orgánica; también podemos analizar el pH de la tierra y comprobar si nuestra tierra es alcalina o ácida. Si ocurriera esto último, podemos solucionarlo mezclando de forma homogénea una cantidad de cal con la tierra, lo que contribuirá a subir el pH y mejorar las condiciones del suelo.

▶ Si comenzamos con un jardín nuevo, la siembra del césped la podemos realizar ahora igual que en primavera. También podemos llevar a cabo la plantación de las mismas especies que teníamos para el mes anterior.

▶ Podemos tener un jardín florido muy temprano si nos dedicamos a sembrar ahora plantas bulbosas, por ejemplo: anémona, azafrán primaveral, jacintos, narcisos, tulipanes, azucenas, etc.

▶ Por último, las plantas bulbosas que hayan florecido durante el verano, y que tengan seca su parte aérea, pueden ser extraídas del terreno.

▶ Éste comienza a ser el mes de la vendimia, si hemos puesto cepas en nuestro *huerto*. También es el momento de cosechar patatas, esto dependerá de la época en que las hayamos sembrado. Antes de levantar los tubérculos conviene cortar los tallos. A continuación, con una horca, se introduce por debajo y se va levantado con cuidado para no dañar las patatas. Una vez sacadas todas, se colocan en hileras y antes de almacenarlas se deben dejar durante dos o tres horas en el mismo lugar para que se sequen.

▶ Con la cosecha de los productos mucho terreno irá quedando libre, y se debe ir preparando para la temporada siguiente, removiendo bien la tierra para que se airee y aplicándole alguna materia orgánica.

‣ Una vez preparado el terreno, se puede comenzar la siembra de: coliflor, alcachofa, pepino, haba, lechuga, guisantes, perifollo, rábanos, espárragos, espinaca..., pero estos cultivos necesitarán protección durante el invierno, así que no se olvide de conseguir las cubiertas adecuadas que las proteja del frío.

Noviembre

‣ Las plantas de *interior* necesitan muy pocos riegos durante este mes, pero siempre teniendo en cuenta que las necesidades de cada planta son diferentes.

‣ Preservar las plantas de las corrientes de aire, mantener su limpieza en las hojas y pulverizar las hojas para contrarrestar la sequedad de la calefacción son las labores que deberemos atender.

‣ Las plantas de *exterior* deben ser protegidas del frío, ya sea situando las macetas en los sitios más resguardados o cubriéndolas con plásticos transparentes.

‣ Otra forma de protegerlas es poniendo paja, turba y hojarasca sobre la capa de tierra, aunque con ello quizá sólo protegemos las raíces, no pudiendo evitar que la parte aérea se hiele.

‣ Si todavía nos quedan bulbos sin sacar de la tierra, debemos hacerlo, poniéndolos en un lugar seco y ventilado hasta que se sequen; después guardarlos para plantarlos en primavera. Una forma de conservarlos en un buen estado es meterlos en cajas de serrín, rociándolos previamente con algún antiparasitario.

‣ Para que los rayos del sol penetren sin dificultad en el *invernadero* debemos mantener bien limpios los cristales.

‣ Los sistemas de ventilación y calefacción han de ser revisados, asegurándonos su buen funcionamiento durante el invierno.

‣ Los semilleros que hicimos el mes anterior de lechugas y otras hortalizas pueden ser trasplantados, para ello dispondremos de cajas amplias que nos permitan colocar las matas a una distancia de unos diez centímetros.

▶ Disponer de un invernadero nos permite tener verduras frescas durante todo el invierno, por eso si no comenzamos la siembra el mes anterior podemos hacerlo ahora para ir recogiendo el producto de algunas ya en el mes de enero.

▶ Los esquejes de geranio ya enraizados se pueden trasplantar a tiestos pequeños de unos 15 cm. Si el enraizamiento se hizo poniéndolos en turba podemos trasplantarlos con todo su cepellón, pero si lo hicimos en tiestos debemos separar las raíces procurando no dañarlas.

▶ Para mejorar la floración de los rosales debemos sacar toda la planta, cortar las raíces muy largas o dañadas. A continuación se podan lo tallos, dejándolos a una distancia de unos 15 cm, se introduce en una mezcla de turba y se riega.

▶ El viento puede ser un problema para el *jardín*, y es conveniente colocar setos que hagan de cortavientos, o bien poner una malla bien sujeta con estacas.

▶ La siega y riego del césped ya se habrán terminado. Las zonas de césped que haya que renovar se deben labrar durante esta época.

▶ Hay que proteger de las heladas las plantas más sensibles y los arbustos, cubriendo la base del tallo con paja y hojas secas.

▶ Podemos comenzar con la plantación de los frutales y los arbustos de hoja caduca. Antes de la plantación debemos preparar la tierra e incorporar materia orgánica. En los árboles que van a ser plantados conviene revisar bien las raíces por si estuvieran dañadas, eliminando las afectadas si así fuera para evitar focos de infección.

▶ Pueden podarse los arbustos de hoja perenne y a continuación los de hoja caduca, cortando las ramas gruesas lo más cerca posible del tronco y las más jóvenes por encima de una yema y en sentido contrario a ella.

▶ En el *huerto* durante este mes no tendremos mucho trabajo, pues son muy pocas las siembras que podemos hacer con las bajas temperaturas.

▶ Lo que sí debemos hacer es labrar la parte del terreno no utilizada e incorporarle materia orgánica.

▶ Es el momento de retirar totalmente las matas de las hortalizas que todavía no se hayan sacado y es posible que se necesite hacer un aclareo en las espinacas.

▶ Ahora podemos dejar ya plantadas las fresas y las grosellas, y sólo si disponemos de algún tipo de protección podremos sembrar algunas hortalizas, como lechuga, apio, perejil, plantas aromáticas, pero cubriéndolas totalmente para preservarlas del frío.

Diciembre

▶ La preocupación mayor para las planta de *interior* durante los meses de invierno ha de ser no colocarlas cerca de las fuentes de calor, o en lugares donde se produzcan corrientes de aire.

▶ Debemos ir eliminando las hojas muertas y las flores marchitas, a la vez que mantenemos la limpieza de las hojas con una esponja o algodón mojado.

▶ Otro factor importante es el riego, pues las necesidades de agua en las plantas de interior durante la época de reposo son mínimas, y en muchas ocasiones bastará con la pulverización de las hojas.

▶ Por último, observar los síntomas de enfermedad y las probables causas para eliminarlas.

▶ La tarea más importante con las plantas de *exterior* ha de ser protegerlas contra el frío, cubriéndolas adecuadamente.

▶ Controlar las ataduras de las plantas trepadoras, por si fuera necesario reforzarlas, y comprobar si el viento ha roto alguna para cortarla.

▶ Mantener la limpieza eliminando las hojas y flores muertas y regar sólo cuando sea realmente necesario.

▶ Un factor a tener en cuenta a la hora del riego son las posibles heladas que matarían las plantas.

‣ En el *invernadero* podemos aprovechar para hacer una limpieza a fondo de todo lo que en él utilizamos.

‣ Hemos de limpiar cajoneras, mesas y suelo, aplicándoles un buen desinfectante.

‣ Hay que barrer bien todo sacando las hojas secas, que podemos ir almacenando en un rincón del jardín para el compost.

‣ Las labores en el *jardín* son prácticamente nulas durante este mes. Podemos ir cavando la tierra, si está seca, a la vez que la limpiamos de malas hierbas, arbustos o plantas muertas.

‣ Podemos realizar las plantaciones de bulbos de floración temprana y terminar la poda de los árboles frutales.

‣ Comprobar las cubiertas protectoras de las plantas que tengamos por si el viento las hubiera levantado.

‣ Si hemos comprado árboles y todavía no es posible plantarlos, hay que hacer una zanja en el suelo, metiéndolos en ella de forma que queden apoyados en el suelo, y cubrirlos con tierra.

‣ Planificar el huerto para la temporada siguiente, trazando las zonas que vamos a ocupar con cada cosa, es en lo que nos podemos ocupar durante este mes.

‣ Recolectar los nabos y achicorias, y a medida que vaya quedando libre el terreno debemos limpiarlo de todos los restos vegetales.

ALGUNOS TRUCOS

‣ Recuerde: en invierno no es necesario regar las plantas de interior, pero debido a la sequedad del ambiente sí es aconsejable pulverizar las hojas.

‣ La poda de los árboles frutales mejorará tanto el tamaño como la calidad del fruto.

▸ La mejor zona para aplicar los fertilizantes es la base del árbol, para que se vayan filtrando poco a poco.

▸ Para multiplicar las plantas con esqueje de raíz, lo más acertado es cortar las raíces más jóvenes porque éstas enraízan mejor.

▸ Eliminando la punta extrema de algunas plantas, como los coleos, las begonias, los geranios, etc., conseguiremos mejorar su belleza, pues de esta manera se produce una mayor ramificación lateral.

▸ Los rosales se podan por encima de la tercera o cuarta yema, dejando más larga la más vigorosa.

▸ Si al podar los árboles les ha ocasionado heridas, lo mejor será que pinte la zona con una pintura fungicida, de esta manera evitará la proliferación de hongos.

▸ Para dejar un seto bien igualado al podarlo, es conveniente colocar una cuerda que nos servirá de guía sujeta con un palo a cada extremo.

▸ Los tubérculos de las patatas producirán más si antes de la siembra los coloca en un lugar de la casa muy soleado. Se ponen en una caja de madera con la parte de la patata que tenga más ojos hacia arriba.

▸ Para que la flor cortada dure más, el corte hay que hacerlo en oblicuo. Si, además, escaldamos el tallo durante un minuto, su duración se prolongará aún más.

▸ Si desea conocer exactamente cuándo una planta necesita agua, introduzca un trozo de madera unos cinco centímetros. Si al sacarlo tiene tierra adherida, significa que la planta todavía conserva humedad; si por el contrario sale seco, la planta necesita ser regada.

▸ Si colocamos los árboles de altura media, como el abedul, en lugares soleados, podremos cultivar bajo sus ramas otras plantas, ya que éstas darán la sombra requerida por algunas especies.

▸ Las máquinas podadoras de césped no suelen llegar hasta los bordes, y éstos debemos cortarlos con unas tijeras podadoras.

▸ Los gladiolos necesitan un buen drenaje, por ello, si nuestro terreno es muy apelmazado, al sembrar los bulbos convendrá echar un poco de arena en el fondo, cubriendo después con la tierra y dejando al descubierto sólo su extremo.

▸ Antes de cualquier siembra prepare el terreno con estiércol, mantillo u otra materia orgánica descompuesta, esto mejorará las condiciones físicas de la tierra.

▸ Lograremos que las flores, por ejemplo las rosas, sean mayores podando los capullos secundarios de éstas.

▸ Cubrir la base de los árboles con un *mulch* de estiércol o paja beneficia enormemente, pues mantiene la humedad en el suelo.

▸ A la hora de trasplantar de una bandeja de semillero al suelo, es conveniente regar antes la bandeja para causar el menor daño posible a las raíces.

▸ Si el crecimiento de la planta en forma de rosetón impide el riego desde arriba de una forma uniforme, podemos hacerlo colocando agua en un recipiente donde meteremos la maceta, así el riego se hará por capilaridad.

▸ Cuando las plantas reciben la luz siempre de la misma dirección, tienden a inclinarse hacia ese lado; para que esto no ocurra debemos girar la maceta periódicamente 90°.

▸ Si eliminamos en las dalias los botones florales laterales, obtendremos unos tallos más largos y de mayor floración.

OTROS CONSEJOS

▸ Conocer los nutrientes de la tierra en la que vamos a sembrar nos ayudará a escoger con mayor acierto el tipo de plantas que en él tendrán más éxito y, además, no gastar en algún fertilizante que por ser la tierra rica en él no es necesario añadirle.

▶ Cuando las plantas crecen en exceso, las raíces comienzan a salir por el orificio inferior de la maceta; es el momento de cambiarla a otra maceta mayor.

▶ La tijera de podar no sirve para todo y para algunas ramas muy gruesas debemos utiliza una sierra.

▶ Un exceso de fertilizante no hará que nuestras plantas sean más bellas, sino que les ocasionará quemaduras; lea con atención las instrucciones del producto para no aplicarlo ni muy concentrado ni muy diluido.

▶ Para la aplicación de nutrientes no utilice pulverizadores que hayan contenido detergentes u otros productos químicos como los fitosanitarios, pues por mucho que los limpie siempre quedan restos que pueden perjudicar a la planta. Utilice frascos pulverizadores para este fin.

▶ Las plantas de hojas jaspeadas precisan más luz que las de color verde. Las zonas coloreadas son más escasas en clorofila, sustancia que ayuda a convertir la luz solar en sustancias para la planta. Las partes verdes deben compensar esta carencia, por ello precisan más luz.

▶ Algunas plantas y hortalizas son perennes, esto quiere decir que nos durarán varios años en el mismo sitio, por lo cual hay que elegir el lugar más idóneo para ellas.

▶ Cada primavera es conveniente la aplicación de fertilizantes en nuestros árboles y arbustos, asegurándonos con ello su buen crecimiento.

▶ Es tanta la variedad de coníferas que existen que es conveniente el asesoramiento adecuado para asegurarnos que elegimos las más adecuadas para nuestro jardín.

▶ Cuando trasplantemos una planta a otra maceta superior, hemos de hacerlo a una que sólo tenga unos centímetros de diferencia, pues si lo hacemos a otra mucho mayor a la planta le costará adaptarse.

▸ Para no llevarnos sorpresas en la nueva siembra, hemos de hacer sobre un papel un plan general contando las cantidades de cada especie que vamos a plantar, para preparar adecuadamente el terreno y sus divisiones.

▸ Después de cualquier siembra o trasplante es aconsejable el riego.

▸ Al realizar la siembra de semillas el riego debe realizarse de forma pulverizada, pues de hacerlo con presión el agua sacaría las semillas fuera o las acumularía todas en el mismo sitio.

▸ Remover la capa superficial de la tierra de vez en cuando en nuestras macetas hará que tengan una adecuada aireación y filtración del agua.

▸ No todas las plantas florecen en el mismo año de la siembra, algunas lo hacen a los dos años y otras tienen flor de forma bianual. En el momento de planificar bien el jardín debemos tener en cuenta estos detalles.

▸ A la hora de plantar semillas debemos tener en cuenta su crecimiento para ponerlas a la distancia adecuada.

▸ La aparición de lombrices en la tierra es debido al exceso de riego y acumulación de las aguas; aunque éstas no sean perjudiciales para las plantas, podemos eliminarlas cambiando la tierra paulatinamente hasta su total renovación.

▸ Si al regar sus macetas nota una capa blanquecina sobre la tierra, indica que el agua de su zona es rica en cal. Lo más aconsejable es verter el agua sobre la base de la planta sin que el agua caiga sobre el ramaje, pues aunque no sea excesivamente perjudicial se quedaría con esa capa blanca.

▸ Para eliminar el exceso de sales que pueda acumular la tierra, conviene colocar alguna vez el tiesto debajo del grifo, dejándolo abierto durante un tiempo para que el agua lave las sales.

▶ Toda la hierba recogida de la poda del césped, junto con las hojas secas que iremos recogiendo de todo el jardín, podemos ir acumulándola, ya que al producirse la descomposición obtendremos un buen abono orgánico que luego utilizaremos mezclado con mantillo para la siembra.

▶ No a todas las plantas les conviene el mismo insecticida. Deberemos preguntar en las tiendas especializadas y aplicar a cada una el que más le convenga.

▶ Para que la hortensia logre grandes flores, a finales de invierno se le ha de hacer una poda cortando dos terceras partes de los tallos.

▶ Al realizar un trasplante podemos hacer un lavado de raíces; con esto logramos una total desinfección de la planta, pero, ¡ojo!, esto hay que hacerlo en pleno invierno. Un segundo inconveniente es que nos exponemos a un nuevo arraigue, cosa que ya teníamos conseguida.

▶ Si queremos que las plantas de interior se desarrollen bien, debemos hacer pulverizaciones y limpieza de las hojas con frecuencia.

▶ Poner estiércol poco curado en el hoyo de las plantaciones puede ocasionar la muerte del árbol.

03

CÓMO HACER LA PROPAGACIÓN DE PLANTAS

1. ¿Cómo se realiza la propagación por acodo aéreo?

Para llevar a cabo la propagación aérea cogemos una planta y le damos un corte en uno de sus tallos por debajo de un nudo; cubrimos esta zona con musgo húmedo o mantillo y lo sujetamos bien hasta que eche raíces, momento en el cual podemos llevar a cabo el trasplante.

2. ¿Cómo se realiza la propagación de geranios por esqueje?

Se cortan pequeños tallos de unos siete centímetros de largo y se eliminan las hojas de la base, dejando sólo las del extremo superior. Se introducen los tallos en bandejas que tengan un adecuado drenaje regándolas con frecuencia, pues en este periodo es muy importante que no les falte agua. Cuando veamos que tienen raíces, podemos plantarlos en las macetas definitivas.

3. ¿Cómo se realiza la propagación de rosales por esqueje?

Para que el rosal tenga un buen agarre el esqueje ha de ser joven y tener siete u ocho yemas por lo menos. Se introduce en el suelo hasta la mitad, en el mismo sentido en que fue cortado, en una tierra negra de jardín y mantillo a partes iguales. Es importante mantener la tierra húmeda y si es posible el ambiente en el que esté también ha de ser húmedo y con poca iluminación, hasta que broten las primeras hojas.

4. ¿Cómo se realiza la propagación por hoja?

Algunas plantas como las begonias se propagan por hoja, para ello debemos seleccionar las hojas más jóvenes y sanas. Aplicar polvo hormonal en la parte del pecíolo y a continuación introducirlo alrededor de un tiesto con tierra de mantillo.

Otras variedades, como la begonia rex, se pueden propagar utilizando su hoja, pero en vez de utilizar su pecíolo como zona de enraizamiento se dan unos cortes en los nervios de las hojas, por donde brotarán las raíces.

5. ¿Cómo se realiza la propagación por tallo?

Los tallos más jóvenes de algunas plantas como las hydrageas, o las fucsias que crecen en la base de la planta, podemos utilizarlos para su propagación. Estos tallos si son largos podemos cortarlos a su vez en otros menores, haciendo el corte en la unión de las hojas.

Los tallos se introducen en polvo hormonal y a continuación en bandejas, afirmando bien la tierra a su alrededor. Las bandejas utilizadas como medio de enraizamiento deben colocarse en un lugar templado del invernadero.

Una vez enraizados los esquejes, podemos trasplantarlos a tiesto individual de unos ocho o nueve centímetros de diámetro.

6. ¿Cómo se realiza la propagación por bulbos?

En la época adecuada, dependiendo del tipo de planta, se corta la parte aérea con un cuchillo cuando ya está seca, se extraen los bulbos y se colocan en cajas en un lugar soleado; cuando están totalmente secos, se guardan en lugares secos hasta la temporada siguiente.

También podemos dejar los bulbos dentro de la tierra hasta la primavera siguiente, excepto los de las dalias, que son muy sensibles a las bajas temperaturas. Con los demás podremos hacerlo sólo si vivimos en zonas en las que el invierno no sea demasiado frío, o protegiéndolos de éste con una buena capa de abono.

7. ¿Cómo se realiza la propagación por división de matas?

Algunas plantas como el iris podemos multiplicarlas mediante este sistema. Para ello, cuando la planta ha dejado de florecer, hacia el mes de julio, preparamos el terreno donde vayamos a realizar el trasplante con algo de compost y algún fertilizante químico. A continuación, con mucho cuidado y ayudándonos de algún utensilio de jardinería, levantamos la planta y cortamos los rizomas más jóvenes, de forma que éstos queden con unas cuantas hojas y algunas raíces. Se cortan las hojas largas con un cuchillo dejando sólo un tercio de su longitud, y se eliminan las hojas muertas del rizoma.

En el terreno que ya tenemos preparado se abren agujeros en los que las raíces entren sin dificultad; tapamos la planta parcialmente, dejando fuera la parte superior del rizoma, y regamos abundantemente.

8. ¿En que consiste la reproducción vegetativa?

La reproducción vegetativa consiste en extraer la planta de la maceta con todo el cepellón; se coloca sobre una superficie plana y se cortan con un cuchillo todas las raíces, obteniendo así dos plantas iguales. Después, se colocan las plantas en sendas macetas con una buena mezcla de tierra y mantillo y, por último, se riega.

ENFERMEDADES DE LAS PLANTAS

▸ Las manchas pequeñas circulares de color blanquecino o gris oscuro sobre las hojas nos indican el ataque del hongo *Fusarium*; esta enfermedad hemos de combatirla con productos fungicidas.

▸ Las plantas con tubérculos, como las dalias, pueden presentar señal de pudrimiento; si es así, hemos de cortar la zona afectada con un cuchillo y, a continuación, agregar polvos sulfurosos para evitar la propagación de la enfermedad.

▸ Si nada más realizar una plantación o trasplante la planta detiene su crecimiento y aparece mustia, no debemos pensar que está enferma, pues esto sólo le durará los días que tarde en lograr un buen enraizamiento y comenzar a crecer.

▸ Los autónomos son insectos que atacan la flor del manzano, poniendo sus huevos en primavera. Los descubriremos porque a partir de entonces la flor adquiere un aspecto de clavo (de especie); para combatirlos podemos hacerlo con fitosanitarios corrientes.

▸ Las pequeñas escamitas blancas que pueden aparecer en diferentes plantas, como las adelfas, se deben a insectos como cochinillas y pulgones. Existen en el mercado varios productos para combatir esta enfermedad, pero recuerde que lo mejor es prevenir. Por ello, lo más aconsejable es utilizar estos productos en primavera, hacia el mes de marzo o abril, y así evitar el ataque de estos insectos.

▸ La camelia es una planta delicada que puede presentar rugosidades en las hojas. Para que esto no ocurra lo mejor es utilizar tierra de brezo y agua que no sea alcalina; para ello añadiremos materia orgánica al tiesto.

▸ A pesar de que las plantas de interior necesiten calor, un exceso de éste puede perjudicarlas y como ocurre con la poinsetia o flor de Pascua, comenzar a perder las hojas.

▸ El exceso de riego o de lluvia en el césped, sobre todo si está situado en una zona sombría, puede provocar la aparición de hongos. Para eliminarlos debemos hacer una siega muy baja y si son muy abundantes eliminarlos cortando el césped lo más bajo posible con una navaja. Si, aun así, persiste su aparición, deberemos recurrir a herbicidas especiales que no deterioren el césped.

▸ El exceso de cal en el agua puede quemar algunas plantas sensibles a ella, como son las hortensias, las begonias o las gloxinias. Para descalcificar el agua podemos recurrir a descalcificadores que existen en el mercado, o añadir a la planta tierra de turba o sulfato amónico que con su acidez neutralice el efecto alcalino del agua.

▸ Las plantas atacadas por enfermedades producidas por virus no tienen solución. Lo mejor es destruir la planta afectada para evitar la propagación a otras plantas del jardín y atacar los insectos portadores del virus.

▸ En los rosales la enfermedad más oída es el mal blanco. Esto lo podemos eliminar mediante el rociado con azufre ramoso o mediante el espolvoreo con azufre en polvo.

▸ Si lo que les ocurre a nuestras plantas es que no llegan a florecer, puede deberse a un exceso de riego, pues cuando comienzan a formarse los botones florales el exceso de agua hace que éstos se malogren convirtiéndose en hoja.

04

HIERBAS AROMÁTICAS

LA HIERBA MÁS APROPIADA PARA EL JARDÍN

Cuando nosotros plantamos el hisopo, la hierba aromática que florece en verano en azul, blanco y rosa, ¿cuántos de nosotros realmente creen que vamos a prepararnos té de hisopo o miel de hisopo con ellas? Pero nos gusta la idea de que un día nosotros podamos tener nuestra farmacia natural en el jardín. El hisopo crecido parece tranquilizarnos y, aunque no tengamos conocimientos de herboterapia, la sensación de salud es algo que podemos percibir sin problemas.

En el jardín de hierbas con propiedades medicinales, especialmente cuando están crecidas y en flor, las mezclas de colores que podemos conseguir con ellas es inmensa, especialmente si mezclamos hisopo y bergamota, o artemisa y salvia. Cuando logremos unos contrafuertes macizos cubiertos de hojas púrpuras proporcionando un aspecto nuevo, unido a las capuchinas que se forman en la base, habremos formado un monumental cuadro vegetal. Los setos vivos de la madera de boj más bajos dan énfasis al esquema formal del jardín y mantienen los marcos adecuados con las plantas dentro.

Como ejemplo sabemos que hay dos tipos diferentes de salvia, una planta de follaje excelente y la tradicional hierba de jardín, aunque ambas se emplean no solamente con fines decorativos y la última es indispensable para los buenos cocineros.

CULTIVANDO HIERBAS EN EL JARDÍN

Las más útiles son aquellas que necesitamos para cocinar: el tomillo, albahaca, perejil, salvia y orégano. Por eso este plan para una parcela formal de plantas es muy fácil, aunque si usted quiere crear un efecto más intrépido, más decorativo, le sería fácil introducir algunas hierbas con flores, como el hisopo azul luminoso, una lavanda morada o el geranio rosa. La tierra puede ser cubierta alternativamente con perejil herméticamente rizado y cebollinos, todo mezclado con un rosal trepador que marque las esquinas. En el centro un árbol o, mejor aún, un manantial pequeño con un motor que mantenga el agua en movimiento. También podemos poner una estatua, o una urna con geranios perfumados.

Las hierbas pueden dividirse en dos tipos: las aromáticas del Mediterráneo, como el tomillo, romero y mejorana, que gustan del sol caliente y crecen en tierra pobre, y otras como la menta, borraja y perejil, que necesitan algo más de frío y tierra más rica para crecer. Si un lado de su proyectada parcela de hierba es más caluroso que el otro, empléelo para las plantas mediterráneas.

Los caminos son también una necesidad en su jardín de hierbas medicinales, puesto que necesitará emplear este espacio con frecuencia para cogerlas, plantarlas y arreglarlas. Enladrille, si lo desea, el borde, siempre que estéticamente sea de su agrado. También puede poner una pequeña cerca de madera muy baja que no le impida la manipulación de las hierbas. Si la tierra no está demasiado sucia, deje los caminos con su tierra original, pues también es algo bello.

He aquí una relación de hierbas aromáticas que, además de decorar su jardín, le servirán como condimento culinario o para solucionarle algunos problemas de salud.

Ajo (*Allium sativum*)

Siembra y cultivo:

▸ La siembra de los ajos se realiza colocando sencillamente un diente bajo tierra a una profundidad de cinco centímetros Se pone erguido y a una distancia de 23 cm unos de otros, con el suelo bien drenado y rico en humus. El lugar más idóneo es al sol; por ello en regiones frescas se recomienda escoger un lugar bien soleado. Los dientes se plantan en primavera, regándolos solamente en época de sequía. No requiere ningún tipo de trasplante, por lo que los dejaremos en el mismo lugar hasta que veamos que sus tallos amarillean; llegado este momento se desentierran las plantas, se atan en ristras y se cuelgan al aire para que se sequen.

Propiedades medicinales:

▸ Estimula las secreciones estomacales y biliares. Combate los parásitos intestinales. Baja la tensión arterial. Es bactericida. Elimina por corrosión las verrugas y papilomas, siendo su poder tan fuerte que puede horadar el vidrio. En veterinaria sirve para que las gallinas incrementen la puesta de huevos. Cocido, pierde la mayoría de sus propiedades por la evaporación de su radical sulfúrico, y en estado crudo se le han encontrado propiedades anticancerosas, hipoglucemiantes, antirreumáticas, antimaláricas.

Albahaca (*Ocimun basilicum*)

Siembra y cultivo:

▸ La albahaca es muy sensible a las heladas, por lo que una vez realizados los semilleros y bien protegidos, sólo podrá trasplantarse al exterior en la primavera, cuando estemos seguros de que ya no habrá heladas.

▸ La multiplicación sólo se puede realizar por semillas, colocándola a pleno sol y protegida de los fuertes vientos.

Propiedades medicinales:

▸ Es antiespasmódica, estomáquica y estimulante. Su uso más popular es para fabricar licores, aunque también se le reconocen sus buenas acciones para ahuyentar mosquitos.

▸ Aumenta la producción de leche en la lactancia, fortalece las glándulas suprarrenales y el sistema nervioso, además de ser útil para la curación de la hemeralopía, una enfermedad de la vista que cursa con mala adaptabilidad a la oscuridad.

Alcaravea (*Carum carvi*)

Siembra y cultivo:

▸ Requiere un lugar muy soleado y mantenerla limpia de malas hierbas. La siembra se puede realizar directamente en el lugar definitivo o en semillero y luego trasplantarlas.

▸ Se adapta con facilidad a cualquier tipo de suelo, dando resultados óptimos en suelos fértiles y permeables.

▸ De esta planta se utilizan las semillas una vez secas; para ello, cuando éstas comienzan a tomar un tono marrón se cortan los tallos, se atan y se dejan secar boca abajo en un lugar bien ventilado.

Propiedades medicinales:

▸ Elimina flatulencias, es digestiva, antiespasmódica y mejora la secreción láctea. Posee un ligero efecto antiséptico y expectorante.

Angélica (*Angelica archangelica*)

Siembra y cultivo:

▸ Necesita un suelo fértil con lugares sombreados en verano. La siembra se puede realizar en diferentes épocas del año, multiplicándose fácilmente por semillas.

▶ Se puede realizar de cualquiera de las dos formas habituales: en semillero o directamente en el suelo. Si la siembra se realiza en el suelo, es muy posible que cuando aparezcan las pequeñas plantas tengamos que hacer un aclareo, para que cada una no quede de la otra a menos de 25 cm.

Propiedades medicinales:

▶ Estimula la digestión, evita la formación de gases y tiene un ligero efecto antiasmático. Se utiliza para fabricar el agua de Melisa, aunque a dosis elevadas deprime el sistema nervioso central.

Anís (*Pimpinella anisum*)

Siembra y cultivo:

▶ Se siembra directamente en un lugar bien soleado formando hileras. Necesita un suelo bien drenado y fértil, realizando la multiplicación solamente mediante semillas.

▶ Para que las semillas maduren y se puedan conservar, necesitan sol en abundancia.

Propiedades medicinales:

▶ Es antiespasmódico, carminativo, estimulante de la lactancia y diurético.

▶ No utilizar de manera continuada en los niños.

Cebolla (*Allium cepa*)

Siembra y cultivo:

▶ Esta planta crece con dificultad en sitios secos y pobres, por ello el terreno más propicio para su cultivo ha de ser húmedo, fértil y soleado. Habitualmente se realiza la división por bulbos, cosa que se hace en primavera. A continuación se trasplantan los bulbillos nuevos a su lugar definitivo hasta que llega el momento de desenterrar los bulbos para su consumo.

Propiedades medicinales:

▸ Tiene interesantes propiedades antibióticas, antitumorales, hipogluce-miantes y diuréticas. Se puede utilizar su jugo solamente, y también consumir cruda, cocida, frita o aplicarla externamente, conservando casi siempre sus buenas cualidades, incluso si aspiramos su aroma por la nariz.

Cebollino (*Allium schoenoprasum*)

Siembra y cultivo:

▸ La forma más habitual de siembra del cebollino se realiza por división de las matas, aunque también se puede realizar por semillas. Cualquiera de las dos formas se lleva a cabo en primavera, escogiendo para ello un terreno soleado húmedo y moderadamente fértil. Si el terreno en el que vivimos es pobre, habremos de enriquecerlo con fertilizantes. Una vez comienzan a crecer las plantas jóvenes se realiza el trasplante a su lugar definitivo. Estas plantas pueden dar cosechas repetidas, pero para obtener un buen cultivo se necesitará aplicar fertilizante líquido una vez al mes, durante todo el verano y hasta finales del otoño.

Comino (*Cuminum cyminum*)

Siembra y cultivo:

▸ La siembra se realiza mediante semillas, que, dependiendo del clima de nuestra zona, podremos hacerlo en el lugar definitivo o en semilleros durante la primavera. Requiere un suelo permeable y fértil, adaptándose con facilidad aunque no fuera así.

Propiedades medicinales:

▸ Es carminativo y emenagogo.

Eneldo (*Anetum graveolens*)

Siembra y cultivo:

▸ La única forma de multiplicarse es mediante semillas, necesitando de un suelo permeable, fértil y bien drenado. Es imprescindible que la siembra se realice en un lugar bien soleado, y a una distancia unas de otras de unos 25 cm.

Propiedades medicinales:

▸ Estimula la secreción de los jugos gástricos, combate la flatulencia y posee ligero efecto antiespasmódico.

Estragón (*Artemisia dracunculus*)

Siembra y cultivo:

▸ Esta planta perenne requiere suelos alcalinos a pleno sol, aunque puede tolerar la semisombra. La forma de multiplicación se realiza dividiendo el rizoma en verano.

▸ En épocas de mucho frío conviene proteger el rizoma con una gruesa capa de arena o turba seca.

Propiedades medicinales:

▸ Básicamente, se le reconoce como una especie culinaria estimulante del apetito y de las funciones digestivas.

Geranio (*Pelargonium graveolens*)

Siembra y cultivo:

▸ Se multiplica mediante esquejes que se plantan en primavera o finales de verano. Necesita un suelo bien drenado y un lugar soleado.

Propiedades medicinales:

▸ Se le reconocen acciones como hemostático, cicatrizante, antiséptico, hipoglucemiante y anticanceroso general.

Hierbabuena (*Mentha suaveolens*)

Siembra y cultivo

▸ Esta olorosa planta se puede multiplicar fácilmente, por división de mata durante el otoño o la primavera, y por esquejes durante el verano.

▸ No es exigente con el tipo de suelo, ramificándose abundantemente en cualquier terreno.

Propiedades medicinales:

▸ Es carminativa y digestiva.

Hinojo (*Foeniculum vulgare*)

Siembra y cultivo:

▸ Se multiplica por semillas que se siembran en primavera, aunque también admite la división de mata en la misma época. Requiere suelos permeables, creciendo de forma vigorosa cuando está a pleno sol.

Propiedades medicinales:

▸ Es carminativo, antiespasmódico, diurético y emenagogo.

Hisopo (*Hyssopus officinalis*)

Siembra y cultivo:

▸ La planta ya adulta se puede dividir en primavera, pudiéndose realizar la siembra de semillas directamente en un suelo bien drenado. Mediante esquejes resulta fácil que agarre si se realiza en verano.

Propiedades medicinales:

▸ Es estimulante, expectorante y antialérgico. No debe administrase durante el embarazo ni a individuos epilépticos.

Laurel (*Laurus nobilis*)

Siembra y cultivo:

▸ Este conocido árbol si se encuentra en el sitio y zona propicia puede alcanzar los diez metros de altura.

▸ Para la siembra de semillas necesitan que éstas estén bien maduras; también se puede multiplicar mediante esquejes entre el verano o principios de otoño, manteniendo en cualquiera de los casos una temperatura baja durante el primer año.

Propiedades medicinales:

▸ Se usa preferentemente como condimento culinario, aunque con las bayas se preparan jabones, con su esencia se preparan licores y con la madera se ahuman carnes y quesos.

▸ Se le reconocen acciones como aperitivo y diurético.

Mejorana (*Origanum majorana*)

Siembra y cultivo:

▸ Su multiplicación se puede realizar por esqueje o por semillas. Necesita un suelo fértil y permeable a pleno sol. Si se realiza la siembra de semillas, solamente debemos trasplantarlas cuando estemos seguros que no se van a dar heladas.

Propiedades medicinales:

▸ Se le reconocen efectos como antiespasmódico, carminativo, digestivo, expectorante e hipertensor.

Melisa (*Melissa officinalis*)

Siembra y cultivo:

▸ Esta planta de fácil cultivo se adapta fácilmente a cualquier tipo de suelo. Se multiplica en primavera por división de matas o semillas y, aunque se desarrolla bien con sol, en verano hay que protegerla. Hay que regarla solamente en tiempo seco y se recomienda replantar cada tres años.

▸ Cuando comienza a florecer se cortan los tallos a pocos centímetros del suelo sin demorar esta operación, ya que pronto puede coger un olor desagradable. El primer año se hace un solo corte y después ya se puede hacer uno en primavera y otro a finales del verano.

Propiedades medicinales:

▸ Especie utilizada en la industria licorera y la perfumería, aunque ahora se la adultera muchas veces con hierba Luisa. Durante años se elaboró con ella una bebida medicinal, fabricada por monjes, denominada agua del Carmen o de Melisa, la cual era consumida mayoritariamente por mujeres.

▸ Se le reconocen buenos efectos como antiespasmódica, antihistérica, tónica y digestiva.

Menta piperita (*Mentha piperita*)

Siembra y cultivo:

▸ Se multiplica en primavera o en otoño por división de mata, y por esquejes se puede realizar en verano.

▸ Podemos cultivarla en cualquier recipiente y tendremos hojas en apenas cuatro semanas, aunque su floración se limitará al principio del verano, momento adecuado para cogerla.

▸ Una vez pasado el verano, deberemos cortar los tallos al ras y cubrir el lecho de tierra fértil. Como se reproduce todos los años, será necesario levantarla de vez en cuando y dividir las raíces, lo que mejora su posterior crecimiento.

Propiedades medicinales:

▸ Una de las hierbas más usadas desde hace siglos, la cual es aplicada contra los trastornos gástricos, la frigidez y problemas bucales.

Orégano (*Origanum vulgare*)

Siembra y cultivo:

▸ El orégano necesita sol y un suelo suelto, nada apelmazado; crece casi sesenta centímetros y es bastante productivo durante años, aunque muere todos los inviernos. Si tenemos la precaución de podarlo enérgicamente al final de la época de verano y trasladamos la maceta a un lugar cálido, quizá nos dé hojas nuevas incluso en época fría.

▸ Se puede sembrar en jardín, aunque su crecimiento es muy lento y los retoños deben estar libres de maleza. Hay que regarlos con frecuencia, ya que tienen tendencia a secarse.

▸ Para plantarlo se hace por división o por esquejes de brotes tiernos en primavera. Si es por semillas, hay que ponerlas en semillero a una temperatura media de 15 °C.

Propiedades medicinales:

▸ Ampliamente utilizado en repostería y comidas muy variadas, pizzas especialmente, tiene también acciones como antiespasmódico, antiflatulento, carminativo, expectorante y emenagogo.

Perejil (*Petroselinum crispum*)

Siembra y cultivo:

▸ Su multiplicación sólo se puede hacer mediante semillas; se pueden sembrar directamente en el suelo durante la primavera, o hacerlo en los meses anteriores en semilleros bien protegidos del frío.·

▸ Necesita de un suelo fértil, que nunca esté seco, y donde le dé bien el sol.

▸ Cuando la siembra se haga directamente necesitará un aclareo que deje a las plantas a una distancia entre sí de unos 25 cm.

Propiedades medicinales:

▸ Mejora la circulación. Se debe tomar con precaución, ya que puede ser abortivo.

Poleo (*Mentha pulegium*)

Siembra y cultivo:

▸ Es una planta cespitosa que llega a crecer hasta los treinta centímetros de altura y suele aparecer espontánea por linderos de caminos y cerca de plantaciones de gramíneas. El suelo debe ser algo húmedo, sin encharcar y, aunque tolera bien el fuerte sol, es necesario protegerla de vez en cuando con algo de sombra. Tiene olor y sabor muy agradables.

▸ Se recoge a finales del verano, cuando su floración es mayor y podemos aprovechar para sembrar sus semillas en macetas. De crecimiento fácil y rápido, solamente hay que protegerla del fuerte viento, regarla abundantemente y cortar solamente las ramas respetando el tallo. De hacerlo así, tendremos hojas para infusiones varias veces al mes.

Propiedades medicinales:

▶ Además de ser un saborizante suave ampliamente utilizado en licorería, tiene propiedades antiespasmódicas y colagogas. Mejora el parto y alivia el dolor de las contracciones.

Romero (*Rosmarinus officinalis*)

Siembra y cultivo:

▶ Es una planta que crece con facilidad en cualquier lugar, incluso en climas muy secos. Solamente hay que tener cuidado de los fuertes vientos del Norte, por lo que estará mejor al lado de algún muro protector.

▶ Si dispone del espacio suficiente alcanzará una altura entre 60 y 120 cm y para ello solamente requiere sol y tierra bien drenada y rica en cal. Se multiplica por esquejes al final del verano, pudiéndose hacer también por acodo aéreo en primavera.

▶ Los romeros que se venden en macetas suelen ser cultivados y no tienen la riqueza en aceites esenciales que los silvestres.

Propiedades medicinales:

▶ Llamado también ginseng español, es una de las mejores plantas aromáticas disponibles, tanto por su eficacia medicinal como por la facilidad de su cultivo. Se le reconocen, entre otros, los siguientes efectos: es antirreumático, cardiotónico, colagogo, hipertensor y tónico.

Salvia (*Salvia officinalis*)

Siembra y cultivo:

▶ Es una planta que goza de gran popularidad desde hace cientos de años y se decía de ella que donde crece no hay enfermedades y quienes la utilizan tienen larga vida.

▸ Planta perenne y muy resistente, especialmente la variedad de hojas estrechas, necesita un terreno fértil, soleado y bien drenado, especialmente rico en sílice o cal.

▸ Hay que sembrarla en la estación templada y suele dar los primeros brotes en un mes. Los esquejes cortados en primavera agarran fácilmente si el clima es benigno, y se pueden plantar directamente en un terreno permeable, ligeramente fértil, algo calcáreo y arenoso. Si se la cuida, puede dar flores todo el año.

▸ El corte de la planta se hará antes de la floración y preferentemente lejos de las heladas. Para secarlas hay que procurar estirar las hojas, ya que si se enrollan se vuelven grises y se estropean. Por tanto, el secado debe ser rápido, quizá en radiador, moviéndolas de cuando en cuando y deshojando las ramas después.

Propiedades medicinales:

▸ Junto con la melisa y el lúpulo, es otra de las plantas adecuadas para la mujer, ya que, al actuar de manera decisiva sobre los ovarios y el aparato genital, mejoran su salud en general. Una mezcla diaria de las tres es una buena y saludable costumbre para conservar larga y sana vida.

▸ Tiene buenos efectos como antisudorífica, depurativa, emenagoga, tónica e hipertensora suave.

Sándalo de jardín o menta de agua (*Mentha aquatica*)

Siembra y cultivo:

▸ Esta planta, que puede alcanzar una altura entre 30 y 60 cm, se multiplica en primavera por división de mata. Necesita suelos fértiles y muy húmedos, y aunque tolera algo de sombra crece mejor a pleno sol.

▸ Tiene un sistema radicular muy amplio, por lo que deberá frenarlo colocando tejas verticales que harán de pared y disminuirán su afán de extenderse.

Propiedades medicinales:

▸ Aunque se utiliza preferentemente como ambientador para lograr estados emocionales especiales, ingerido internamente puede ser útil también para combatir las fuertes cistitis y las infecciones intestinales y urinarias.

▸ Externamente desprende un olor muy característico que ayuda a alcanzar estados místicos y relajantes muy interesantes, por lo que resulta adecuado para ambientar las habitaciones de los enfermos depresivos.

Tila (*Tilia cordata*)

Siembra y cultivo:

▸ Árbol grande que puede alcanzar hasta treinta metros de altura, muy longevo y de grandes hojas, con tronco y ramas lisas y hojas ligeramente dentadas. Las flores se juntan en haces colgantes y su corola es amarilla. El fruto es semiesférico y coriáceo.

▸ Crece espontáneo en cualquier parte, aunque ahora es más común su variedad cultivada.

▸ Las flores se recogen a mediados de verano, inmediatamente después de florecer, y se secan a la sombra sin pasar de 35 °C.

Propiedades medicinales:

▸ De amplia y solvente reputación como sedante nervioso, sus efectos no son seguros, ya que en algunas personas puede dar lugar a cierto grado de ansiedad. También se le reconocen efectos diuréticos y diaforéticos. Estimula las defensas.

Tomillo (*Thymus vulgaris*)

Siembra y cultivo:

▸ Arbusto pequeño de estatura no superior a los veinticinco centímetros y el doble de anchura. Crece espontáneamente por laderas y terrenos aparentemente áridos y pedregosos, aunque debe estar bien drenado y rico en cal.

▸ Las hojas son grisáceas y cobijan flores rosadas o violáceas que brotan en verano.

▸ Para plantarlo deberemos buscar un terreno arenoso, cubrirlo y trasplantarlo con posterioridad al lugar definitivo en la época de calor. Si dividimos las raíces o utilizamos esquejes, estos deberán tener unos cinco centímetros y contener alguna yema del tallo original.

▸ Crece bastante bien en maceta y si lo recolectamos en plena floración se conservará con facilidad.

▸ Es una planta que requiere muchas e intensas horas de sol y por eso es mejor su cultivo en macetas para resguardarlo de los fríos del invierno. Las flores se recogen entre junio y agosto, en tiempo soleado y seco.

Propiedades medicinales:

▸ Es uno de los mejores antibacterianos de que disponemos y por ello es ampliamente utilizado tanto en homeopatía como en naturopatía. Su campo de acción abarca no solamente a las bacterias, sino a los hongos y los parásitos, teniendo, además, unos buenos efectos para estimular el sistema defensivo.

05

HIERBAS, VERDURAS Y FRUTAS

Las páginas siguientes dan toda la información que usted necesita para disponer de una amplia gama de verduras, hierbas y frutas para combinar con las flores, logrando así una cocina decorativa unida a su huerto o jardín. Las técnicas de cultivo incluyen instrucciones completas para escoger el lugar correcto para cada cosecha. Consejos para sembrar, trasplantar, momento adecuado para cada labor, el segado de la mies, así como para evitar y corregir las posibles pestes y enfermedades. Hay detalles, también, para la poda y la mejora de la fruta. Usted debe saber ya qué tipos de verduras y frutas quiere ver crecer y, si no está seguro, encontrará aquí bastante material para inspirarle.

HIERBAS Y VERDURAS
Si en un mapa del mundo usted dibujara líneas que muestren cómo las diferentes comidas habían viajado desde sus países de origen, terminaría con un modelo más complejo que el tejido de una araña. Antes del descubrimiento de América, la dieta de verdura en Europa estaba limitada a los guisantes y frijoles insistentemente. El Nuevo Mundo mostró una nueva comida saludable conectada con la tierra, con el maíz y los tomates, así como las patatas, que enriquecieron los jardines

a ambos lados del Atlántico, aunque algunas verduras viajaron en la dirección opuesta. En las próximas páginas podrá aprender a sembrar y recolectar una gran cantidad de verduras diferentes y algunas hierbas importantes. Las estrellas del firmamento le ayudarán, por la noche, a que estas plantas y flores resalten aún más en su nuevo jardín.

VERDURAS DE HOJA PARA ENSALADA

Los aficionados al mundo de la horticultura se sobresaltaron hace algunos años cuando un popular agricultor consideró a la berza como la reina de las verduras. Después se implantó la costumbre de plantar verduras en los jardines caseros, logrando así algunas variedades inéditas hasta entonces y ejemplares con mejor sabor y textura.

Hoy nadie cuestiona ya las virtudes culinarias del repollo y la lechuga, aunque todavía hay quienes no las consideran como estupendas plantas para la decoración de jardines. Pero estas dos verduras proporcionan oportunidades interminables al jardinero, lo mismo que las demás. Las ricas combinaciones que se consiguen mezclando la col negra, con las tambaleantes cabezas del ajo, con el lirio purpúreo o las plantas del hinojo, están todavía por descubrir por el aficionado a los jardines domésticos.

Éstos son algunos ejemplos de plantas culinarias que usted puede emplear para comer y decorar.

Berzas (*Brassica oleracea*)

Las berzas tienen un problema de imagen al ser consideradas como alimento para el ganado exclusivamente, olvidando que es un exquisito y saludable alimento para los humanos. Para que crezca bien, haga surcos una vez que han comenzado a desarrollarse. Si el espacio está limitado crecerán poco y darán hojas tempranas que apenas le servirán para comer.

Cultivo

▸ Si no quiere esperar, pruebe las berzas primaverales, más suculentas y tiernas, pero si desea que tengan más cuerpo debe esperar al final del verano, o incluso al otoño. Si su jardín está bien protegido, aguantarán incluso los meses de invierno, aunque en climas muy fríos deberá proteger las raíces cubriéndolas con paja.

La tierra más adecuada

▸ Todas las brassicas son comestibles. Les gusta la tierra que es rica y fecunda, modificada con algo de estiércol antes de la plantación. El terreno necesita no ser excavado profundamente antes de plantar porque las berzas más firmes crecen en sombra o en tierras donde el pH es menor que 7.

La siembra

▸ Puede comprar injertos a principio de verano o emplear la semilla. Sin embargo, es posible que deba elegir entre verdura decorativa o comestible. La semilla debe crecer individualmente en semilleros antes de plantarse en el campo.

El trasplante

▸ Cuando el tiempo se pone apacible en primavera, hay que trasplantar las plántulas al jardín. Póngalas aproximadamente a 60 cm, plántelas más profundamente que en el terreno en donde estaban creciendo y riéguelas. Cuando hayan absorbido bien el agua, aplaste la tierra de alrededor de las plantas con sus pies.

El cuidado rutinario

▸ Las berzas necesitarán asentarse un tiempo largo en la tierra para proporcionar una gran cosecha. Debe añadirles raciones extras de fertilizante, nitrógeno en particular, cuando están en periodo de crecimiento.

Colchina (*Brassica oriental*)

La col china, que parece una lechuga rechoncha, todavía no es habitual en nuestros jardines. Para adornar con ellas se pueden meter en un barril con lobelias o mezclarlas entre las flores amarillas luminosas de las margaritas. También podría plantar un recipiente entero de especialidades orientales: cebollinos chinos con flores blancas, el cilantro y quizá algún crisantemo. Estos últimos se parecen a los crisantemos ordinarios de jardín.

La tierra más adecuada

▸ La col china necesita tierra fecunda y un suministro interminable de agua.

La siembra

▸ Pueden ser sembradas desde la primavera hasta otoño, en surcos anchos. Para las cosechas individuales ponga las semillas en filas, aproximadamente a un centímetro de profundidad. También puede sembrar un grupo de tres o cuatro semillas a diez centímetros de distancia a lo largo de la fila. Evite sembrar la col china demasiado temprano, puesto que las bajas temperaturas afectan a las semillas que están germinando, lo mismo que la falta de humedad.

El trasplante

▸ Puede emplear el arbolillo delgado si es necesario. Deje espacio suficiente, unos 30 cm, entre las verduras mayores cuando estén creciendo en filas.

El cuidado rutinario

▸ Proteja bien las plantas regándolas en todo momento. Esto también contribuirá al crecimiento de nuevas cosechas.

La cosecha del producto

▸ En condiciones ideales, la col china puede estar lista para recoger en seis semanas después de sembrada, aunque algunas variedades necesitan ocho o incluso diez semanas para estar listas. Cuando estén finalizadas recójalas inmediatamente, puesto que no están mucho tiempo en un estado ideal. Corte sobre la base de las hojas para asegurar el rebrote de nuevas plantas.

Coles

Las coles y Bruselas van tan juntas como el té y China. Los belgas descubrieron la primera planta de coles alrededor de 1750 y se han asegurado que el resto del mundo no se olvidara de ellos. Una planta de coles tiende a parecerse mucho a otra, pero hay un tipo verde-rojizo llamado «lombarda» que posee un buen efecto decorativo en el jardín. Las coles son el tipo más viejo de berza y a veces empleadas (injustamente) como forraje ganadero. Son verduras voluminosas, robustas, que aguantan perfectamente en el jardín a pesar del tiempo frío y permiten recoger la verdura fresca en invierno. La col tiene unas hojas que se extienden como si fuera una palmera, y la variedad rizada puede usarse como planta de hoja para establecer fronteras.

Cultivo

▸ Los dos tipos son verduras elegantes y agregan un toque dramático al jardín.

La tierra más adecuada

▸ Las coles de Bruselas crecen mejor en medio de tierra pesada, con estiércol curado, debiendo tenerse en cuenta que demasiado nitrógeno produce brotes muy sueltos y expandidos. El pH debe estar alrededor de 6,5. La col tolerará tierra más pobre que las otras variedades.

La siembra

▸ Las coles de Bruselas crecen al final de la primavera y las plántulas de coliflor sembradas en interiores deben ponerse fuera hacia la mitad del verano, necesitando cuatro meses para madurar. Las semillas se

ponen en surcos poco profundos en un semillero, a sólo un centímetro de profundidad.

El trasplante

▸ Se realiza preferentemente a principios de verano, y la separación
depende del tamaño: 30 cm para las pequeñas y 75 cm para las grandes. Después hay que regarlas bien.

La cosecha del producto

▸ Los brotes pueden recogerse a principios de otoño hasta el nuevo
año. Arránquelas tirando hacia arriba.

Espinaca

La espinaca tiene dos atributos útiles: crecerá a la sombra si la tierra
está húmeda, y lo hará con rapidez. La verdadera espinaca es anual y en
condiciones de calor y tiempo seco se desarrolla mejor y más elegante.

Cultivo

▸ La mejor manera de sembrar la espinaca es en pequeñas cantidades y a menudo. Probablemente alcance más éxito en tierra rica y
húmeda en condiciones frescas, pero en tierras calientes y secas,
como la espinaca de Nueva Zelanda (una variedad con hojas más
pequeñas y carnosas), también crece con éxito.

La tierra más adecuada

▸ La espinaca es un gran glotón de nitrógeno, tolera una sombra
ligera, pero no la sequedad. La espinaca de Nueva Zelanda es más
tolerante de condiciones secas y pobres.

La siembra

▸ Para una cosecha temprana, las semillas se ponen a principios de
la primavera a uno y medio centímetro de profundidad y en filas a 30

cm de separación. Para una cosecha más tardía, siembre a finales de verano y principios de otoño.

El trasplante

▸ La espinaca temprana se pone a 15 cm entre las plantas, y las tardías a 23 cm.

El cuidado rutinario

▸ Nunca debe faltarle el agua, y en tierras infecundas el alimento extra es beneficioso.

Lechuga (*Lactuca sativa*)

De todas las verduras planificadas la lechuga es la más versátil, porque se presenta útil para multitud de guisos y diferentes modos ornamentales en el jardín. El tipo de hoja rizada puede ser usada como planta de follaje, por sus luminosas flores anuales, o como ensalada.

Cultivo

▸ Las diferencias entre las cuatro variedades básicas tienen tanto que ver con su textura, como con su sabor, y es útil escoger varios tipos, teniendo presente que entre ellas hay diferentes tiempos de maduración. La semilla se puede guardar de un año para otro.

La tierra más adecuada

▸ La lechuga crece mejor en tierra que sea ligera y fecunda, pero que retenga humedad. No le molesta la sombra parcial.

La siembra

▸ Si usted siembra las semillas cada dos semanas podrá tener un suministro suficiente desde la primavera hasta el otoño en climas frescos, o desde el otoño hasta el invierno y primavera en climas calurosos. Pero los tiempos imprevisibles pueden causar cosechas imprevisibles.

▸ La mejor manera de plantar la semilla es en filas, a un centímetro de profundidad, y a una distancia entre ellas de 15 cm, salvo que se trate de variedades no tradicionales. Si dispone de arbolillos espere tres semanas antes de plantarlos fuera.

El trasplante

▸ Plante los pequeños y delgados a 15 cm y los grandes a 30 cm de separación.

El cuidado rutinario

▸ La lechuga necesita agua suficiente mientras está creciendo, pero no demasiado alimento: las pruebas científicas han demostrado que el exceso de nitrógeno las da sabor amargo. Riegue por la mañana en lugar de la tarde, tratando que las hojas se sequen rápidamente, y así evitará los ataques de moho.

Pestes y enfermedades

▸ Los gusanos y la putrefacción de la raíz son el origen de casi todos sus problemas.

OTRAS HOJAS PARA ENSALADAS

Pruebe a plantar berros, verdolaga, maíz y mostaza, pues todos son útiles para agregar un sabor fuerte a un plato de ensalada. En el jardín, puede disponer de ellos sin problemas al tratarse de vegetales de crecimiento más lento. Las semillas germinadas de la mostaza y del berro se cortan después de dos semanas de haberlas sembrado. No se olvide tampoco de la exquisita verdolaga de verano, rastrera pero imprescindible en una ensalada; solamente necesita una tierra caliente para crecer bien.

La ensalada de maíz es un buen suplente de la lechuga, mientras que los berros son agradables en tiempo frío.

Acelga y remolacha de hoja

La remolacha roja tiene una belleza dramática en el jardín de verduras, pero necesita estar bien crecida. Si usted puede alimentarla a través de cuidados adecuados sin perturbarla, conseguirá una planta extraordinaria. Sus tallos rojos resplandecientes son cubiertos por un follaje exuberante, rizado, verde o, en ocasiones, como si fuera un rubí purpúreo. Los tallos de la hoja son anchos y carnosos, y si está acostumbrado a comerlos, tanto éstos como las acelgas, seguro que habrá encontrado un sabor exquisito.

En el jardín los puede mezclar por motivos ornamentales con las rosas rojas y la salvia. La remolacha de hoja, o la espinaca perpetua, se usa a menudo como un sustituto de la verdadera espinaca, aunque el sabor no es tan fino.

Cultivo

▸ La acelga es una verdura bienal, lo mismo que la remolacha de hoja.

La tierra más adecuada

▸ La acelga y remolacha de hoja necesitan tierra fecunda, rica en nitrógeno. Agregue estiércol suficiente o abono. Las semillas nunca se plantan a más de uno y medio centímetros, en filas a 15–18 cm y a 38–45 cm de separación. Las plantas deben recogerse entonces durante el invierno en los climas apacibles, o hasta finales de la primavera, dependiendo de la siembra.

El trasplante

▸ Hay que esperar que sean bastante grandes, evitando los ejemplares delgados.

El cuidado rutinario

▶ Las plantas tempranas son más delicadas, sobre todo en las acelgas. Proteja las plantas jóvenes que crecen fácilmente proporcionándolas agua suficiente y el adecuado fertilizante líquido.

La cosecha del producto

▶ Tenga mucho cuidado para no coger demasiadas hojas de una misma planta en un momento. De ser así, la planta podría no volver a recuperarse.

Pestes y enfermedades

▶ Estas cosechas generalmente crecen fácilmente y libres de problemas.

Achicoria y endibia

Éstas son, por excelencia, las verduras del gourmet. En el jardín, además, podrá disponer de variadas combinaciones de este grupo, contrastando las hojas lisas de la achicoria con una endibia lanuda, o jugando con los colores jaspeados de las achicorias rojas. La diferencia entre ellas consiste en que la endibia rizada es anual, mientras que la endibia belga no lo es y proporciona flores azules en su segundo año.

Cultivo

▶ Blanquear o no blanquear, ésa es la cuestión. Blanqueando se suaviza el amargor, que es una característica de estas dos verduras de ensalada. Con la endibia de Bélgica, por supuesto, es esencial. Con los otros tipos de endibia, como los especímenes rizados, se puede experimentar. Para ello deberá tapar la planta mientras está desarrollándose, bien sea una parte o toda entera.

La tierra más adecuada

▶ Ambas cosechas necesitan tierra fecunda, bien drenada, preferiblemente por completo al sol.

La siembra

▸ Las semillas de la achicoria roja pueden ser sembradas en primavera y verano, a una profundidad de un centímetro, en filas de 10–12 y a 25–30 cm de separación. La endibia blanqueada se siembra apenas a un centímetro de profundidad y con una separación de 30 cm entre las filas. El mejor momento para sembrar la endibia rizada es en primavera. Las semillas de la escarola deben estar sembradas a la misma profundidad y espaciándolas. Siembre en primavera en climas fríos o en verano en climas calurosos.

El cuidado rutinario

▸ Ponga las plantas en lugares sin hierbas y bien regadas durante los meses entre la siembra y la recogida.

Forzar el blanqueado

▸ Para forzar la endibia de Bélgica, saque las raíces en otoño y deseche cualquiera que esté muy delgada. Arregle las hojas sobre el cuello, condense las raíces aplastándolas en una caja de arena y guárdelas en un lugar fresco hasta que usted las necesite. Separe de nuevo las hojas que no necesite y acorte las raíces principales a 15 cm. Ponga ahora las raíces en tierra húmeda, incluso en una maceta. Ponga otra olla encima de la primera y guárdela a 15 °C; las cabezas blanqueadas se desarrollan aproximadamente en tres semanas. En un sótano fresco no inferior a 10 °C le llevará algo más de tiempo.

La cosecha

▸ Puede recolectar unos tres kilos de endibias de Bélgica mediante una fila de tres metros, o un total de quince endibias. Si es amante de las lechugas, puede hacer que tanto la achicoria como la endibia tengan un aspecto similar, aunque para ello deberá evitar el blanqueado.

Pestes y enfermedades

▸ La achicoria y la endibia son verduras robustas y normalmente libres de problemas, pero pueden pudrirse en tiempo de calor. La putrefacción también puede venir si se las blanquea cuando el follaje está húmedo.

OTRAS VERDURAS NO MENOS IMPORTANTES EN EL JARDÍN Y LA COCINA

Salvo la coliflor y el brécol, todo el grupo siguiente tiene odio a la escarcha. En áreas frías no pueden salir hasta principios del verano, pero una vez plantadas crecen rápidamente y proporcionan una cosecha rica de verduras y frutos en otoño. El calabacín, y por supuesto la calabaza, producen un gran efecto visual, arrastrándose encima de la tierra entre los bloques del maíz dulce o los tomates estacados y firmemente atados. A este respeto, todos son compañeros naturales, y necesitan espacio vertical y horizontal. Esta familia proporciona un suelo de jardín altamente decorativo.

Coliflores (*Brassica oleracea*)

Si usted cultiva una buena coliflor, puede otorgarse algunas estrellas al mérito. No son verduras fáciles para plantar y con frecuencia solamente conseguiremos producir cabezas pequeñas y deformadas, si su crecimiento no se verifica con sumo cuidado. Las coliflores son generalmente de color blanco cremoso, con las cabezas rodeadas por una chorrera verde de hojas, pero hay también algunas variedades verdes y purpúreas. Las coliflores crecen mejor en temperaturas apacibles que oscilen alrededor de los 15 °C. Si la temperatura de su jardín es así, sus plantas crecerán bien. Pero si este tiempo es breve, deberá cultivarlas pronto o seleccionar mejor las variedades a emplear.

Cultivo

▸ En climas frescos pueden crecer coliflores en verano y ser recogidas; en climas apacibles deberá escoger las variedades que se puedan recolectar en primavera. Si tiene solamente un corto periodo de tiempo fresco, siembre alguna variedad de rápido crecimiento, como «la corona de nieve». Otras variedades necesitan temperaturas frescas durante más tiempo para desarrollar una buena cabeza. Las pequeñas coliflores son útiles para llenar terrenos pequeños en un jardín.

La tierra más adecuada

▸ Las coliflores necesitan una tierra más alcalina que otras brassicas. En tierras ácidas, aun cuando estén cuidadas, no pueden producir cosechas que valgan la pena. Necesitan excavarse profundamente, y tierra fecunda con bastante humedad para que puedan crecer fácil y productivamente.

La siembra

▸ Ponga los arbolillos durante las cuatro o seis semanas anteriores a los últimos hielos. En los lugares en donde las estaciones son largas y apacibles, pero cuando se usan coliflores pequeñas, se siembran al aire libre, a un centímetro de profundidad.

El trasplante

▸ Trasplante al campo las plántulas jóvenes y vigorosas cuando el tiempo primaveral se pone apacible y la amenaza de escarcha ha pasado. Perturbe las raíces lo menos posible y permita que haya al menos seis centímetros entre las plantas de la fila, y espacie las filas a 60 cm. Pueden plantarse más cerca las coliflores pequeñas.

El cuidado rutinario

▸ Riegue frecuentemente y protéjalas de las malas hierbas. Cúbralas para conservar la humedad en la tierra.

La cosecha

▸ Conseguirá aproximadamente seis coliflores de una fila de tres metros, pero los tamaños pueden variar mucho. Corte cuando las cabezas todavía están firmes y antes de que las hojas empiecen a crecer lejos del centro.

Pestes y enfermedades

▶ Como con las berzas, los gusanos de la berza son el peor problema. Si es necesario, protéjalas de los pájaros y saque las orugas fuera de las plantas cuando las descubra.

Brécol (*Brassica oleracea*)

Los colores del brécol son similares a aquellos de la familia de la coliflor: las hojas verdes, blancas, y en ocasiones purpúreas. La mayoría tienen una cabeza pesada, central. Los más bonitos son el tipo Romanesco.

Los brécolis que crecen menos tienen masas de flores pequeñas después de una estación larga de otoño e invierno, o incluso en la primavera en climas apacibles. Si le gustan las coles de Bruselas y la col, ésta es una verdura que también le gustará. El nombre es italiano, pero es probable que estas verduras llegasen del Mediterráneo oriental durante el siglo XVII. En tratados antiguos de jardinería era llamado como «espárrago italiano», y si usted come la primera cosecha con alguna salsa holandesa como aderezo, encontrará un plato de lo más delicioso.

Cultivo

▶ En cuanto a características, estas plantas son muy diferentes. La cabeza del brécol es muy grande en proporción al resto y mientras va creciendo aumenta aún más esta desproporción. Hay quien manipula la cabeza para lograr nuevos brotes y así aumentar aún más el tamaño.

La tierra más adecuada

▶ El brécol se desarrolla con tierra menos fértil que la coliflor, aunque las cosechas mejores vienen cuando la tierra está bien cavada. Si la pone a crecer en sitios frescos, aguantará momentos cortos de calor intenso.

La siembra

▸ En áreas con buen clima o al principio de la estación podrá sembrar el brécol directamente en el jardín, poniendo dos o tres semillas a 15 cm de distancia, evitándose la necesidad de trasplantar. Ponga las filas a 30 cm de distancia y las semillas a una profundidad de un centímetro.

El trasplante

▸ El brécol debe crecer delgado para dejar una planta fuerte en cada estación. Trasplante las plántulas del brécol cuando el tiempo esté apacible y de nuevo en verano para una cosecha de otoño. Ponga las plantas a 60 cm de distancia en cada dirección.

El cuidado rutinario

▸ Asegúrese que las plantas nunca estén carentes de agua.

La cosecha

▸ Espere recoger unos tres o cuatro kilos de una fila de tres metros. Las cabezas del brécol están listas de verano a otoño, y totalmente crecidas en aproximadamente setenta días después de plantar.

Pestes y enfermedades

▸ Como las berzas, pueden padecer invasión de los gusanos de la berza y las orugas verdes se camuflan bien en las cabezas del brécol. Empape el brécol en agua salada antes de cocinarlo.

Calabacín (*Cucurbita pepo*)

El calabacín joven está delicioso crudo o frito, pero tienen la capacidad aterradora de metamorfosearse y convertirse en monstruo si usted se marcha de vacaciones en un momento poco adecuado. El calabacín tiene una posición casi heroica entre los jardineros y el mayor interés se centra en lograr calabacines gigantes que serán presentados en las ferias del lugar, donde hay a menudo una competición para encontrar el más pesado del año.

El calabacín crece mejor cultivado como un arbusto híbrido y es fácil de manejar en un espacio pequeño. Se pueden lograr algunas variedades vigorosas empleando mucho abono. Las grandes flores doradas que se abren antes de que se hinche el calabacín y sobresalga del follaje, le proporciona un buen aspecto, especialmente si se consiguen variedades amarillas.

Cultivo

▶ El calabacín es una bestia sedienta, y cualquier dispositivo que sepa para conservar el agua le será de una gran ayuda. Puede construir una pared poco profunda de tierra en un círculo aproximadamente de 60 cm de ancho alrededor de cada planta. Cuando usted lo riega, el agua se queda donde quiere. Cubrirlo con paja también es muy benéfico, pues conserva la humedad.

La tierra más adecuada

▶ La gran humedad que la tierra retenga dará los mejores resultados. Las plantas pueden cubrirse con una sombra muy ligera si es necesario.

La siembra

▶ El calabacín sembrado necesita calor moderado y no germinará a temperaturas menores de 13 °C. Siembre dentro de las cuatro semanas antes de la última escarcha de la primavera, poniendo cada semilla a siete centímetros. Permítales crecer sin escarcha, incluso en un interior, y sáquelas fuera después. Si es paciente y escoge el final de la primavera o el principio del verano, ponga la semilla a dos centímetros de profundidad y a un metro de separación entre ellas.

Tápelas con frascos de cristal vueltos al revés que actuarán como invernáculos en miniatura, protegiendo a las plantas de las plagas y proporcionándolas un sitio extracaluroso.

El trasplante

▸ Si usted tiene que sembrar en interiores, recoja las plantas cuando tengan tres o cuatro hojas verdaderas y el peligro de escarcha haya pasado. Tenga cuidado al manipularlas de no dañar las raíces y deje espacio suficiente para que las plantas se puedan desarrollar.

El cuidado rutinario

▸ El calabacín debe alimentarse bien y estar abundantemente regado. Hay dos periodos críticos: cuando las primeras plantas han comenzado a salir, y cuando están floreciendo y han formado frutas. Una vez que todo se ha establecido, sus grandes hojas le protegerán, aunque, sin embargo, también sofocarán otras cosechas. Por ello, no ponga plantas menos competitivas demasiado cerca.

La cosecha del producto

▸ Espere aproximadamente dieciséis calabacines de cada planta. Si quiere un calabacín monstruo, recoja todas las frutas menos una.

Pestes y enfermedades

▸ Tape las plantas jóvenes con tapas flotantes para mantener lejos los escarabajos del pepino y los bichos de la calabaza. Los escarabajos del pepino pueden extender rápidamente una infección y matar la planta.

Calabazas (*Cucurbita máximos*)

«Puede aplastarlas cuando hayan alcanzado la madurez, puede rociarlas con ácido, pegarlas con ramas, y hasta puede quemarlas; ellas le seguirán amando.» Esto lo escribió un humorista americano referente a las calabazas y explica lo difícil que le será si quiere impedirlas crecer, por lo que debe pensárselo dos veces la decisión de poner calabazas en su jardín. Una vez que el proceso ha comenzado no hay quien lo detenga. Las más pequeñas pueden crecer encima de los cercos y construir así fuertes arcos, o enrollarse a través de los tallos altos del maíz.

Hay dos tipos principales: la calabaza de verano, que se come cuando está pequeña y tierna, y la calabaza del invierno que necesita madurar hasta su cáscara para que pueda durar todo el invierno.

Cultivo

▸ En sí, usted puede sembrar las calabazas de la misma manera como lo haría con el calabacín, puesto que son miembros de la misma familia. El mayor peligro está en la formación de escarcha.

La tierra más adecuada

▸ Escoja un sitio abierto, soleado y con tierra rica y bien nutrida. Las calabazas crecen alegremente donde la tierra es ligeramente ácida o neutra.

La siembra

▸ Siembre dentro de mediados de primavera en adelante. Apriete las semillas a una profundidad de dos centímetros y a una distancia entre ellas de siete centímetros. Cubra con un plástico claro y persista con una temperatura de 21 °C hasta que las semillas hayan germinado.

El trasplante

▸ A principios del verano, con la tierra ya caliente, separe las plantas endurecidas conservando un círculo de tierra alrededor de ellas con agua. Póngalas a uno o dos metros de distancia, y lejos de cosechas menos robustas a las que pueda sofocar.

El cuidado rutinario

▸ Suelen ser plantas hambrientas y sedientas. La comida se puede proporcionar mejor incorporando abono suficiente o estiércol en la tierra antes de plantar. El agua, en gran cantidad.

La cosecha del producto

▸ El rendimiento depende completamente del tipo de calabaza que esté creciendo. Corte la calabaza de verano solamente cuando usted la necesite. Deje la calabaza de invierno hasta que la piel esté dura y la fruta suene dentro. Se guardan al aire libre, sin escarcha y frescas.

Pestes y enfermedades

▸ Las calabazas pueden ser atacadas a través de varias pestes.

Berenjenas y pimientos picantes
(*Solanum melongena & Capsicum sp.*)

Nada parece bastante tan irreal en un jardín de verduras como una berenjena. El tipo normal es profundamente purpúreo, casi negro, pero el tipo desollado blanco habrá dado probablemente su nombre común a la berenjena. Ponga la fruta lustrosa oscura de berenjenas cerca del inteligente rojo de los pimientos dulces o los pimientos verdes.

Todas las variedades se cosechan bien en tiempo caluroso, alejadas de las heladas, pues es improbable que se tenga éxito en áreas muy frías. En climas frescos, empiece cultivando rápidamente. En la primavera tardía puede comprar plantas jóvenes que le ahorran el fastidio de tener que sembrar la semilla. Plántelas en su jardín sin necesidad de ninguna estaca complicada o guárdelas en su patio en ollas de arcilla.

Cultivo

▸ Las berenjenas y pimientos que se relacionan con los tomates necesitan las mismas condiciones para crecer. Las berenjenas, sin embargo, son un poco más susceptibles y pueden coger enfermedades en tiempo caluroso. En climas frescos y con veranos cortos, fructifican pronto y proliferan bastante. Si se marchitan, deberá tratar de cultivarlas en recipientes en un patio cerrado.

La tierra más adecuada

▸ En climas frescos, usted puede dar un empujón a las berenjenas y a los pimientos calentando la tierra con plástico negro antes de plantar y situándolos al sur al lado de una pared que les proporcione calor. Para minimizar problemas con enfermedades, escoja un sitio que no haya sido usado recientemente para plantar tomates, pimientos o berenjenas.

La siembra

▸ Siembre en el interior en bandejas u ollas a uno o dos centímetros de profundidad. Germinan aproximadamente a 21 °C en los primeros días de la primavera. Para las berenjenas y pimientos, necesita mantener una temperatura creciente para las plántulas de 18-21 °C.

El trasplante

▸ Trasplante las plántulas cuando tengan una altura aproximada de cinco centímetros, poniendo cada una por separado a siete centímetros. Una vez endurecidas, las debe plantar en posición permanente, manteniéndolas alejadas de las escarchas y en tierra calurosa. En climas frescos, ayuda algo calentar previamente la tierra con un plástico o paja que las cubra. Espácielas aproximadamente a 45 cm. Alternativamente, páselas a otros recipientes mayores y ponga entonces cada planta por lo menos en una olla de 23 cm.

El cuidado rutinario

▸ Proteja bien las plantas regadas, particularmente cuando las frutas han empezado a salir. Los fertilizantes ayudan bastante para su crecimiento.

La cosecha del producto

▸ Espere aproximadamente cuatro berenjenas grandes. Los pimientos pequeños también producirán hasta más de veinte de cada planta. Los pimientos verdes madurarán y se ponen rojos si disponen de bastante agua y los deja hasta principios del otoño.

Pestes y enfermedades

▸ Tape las plántulas de las berenjenas jóvenes con tapas flotantes para guardarlas de los escarabajos y busque pimientos resistentes a esa enfermedad, si quiere tener cosechas fiables.

Pepinos (*Cucumis sativus*)

Hay dos tipos de pepinos: los que se cultivan en invernaderos, más bellos, y los arrugados (picklers). Los de invernadero son oscuros y están deliciosos en ensaladas; los otros, algo menores, son más crujientes y se emplean como condimento. Los pepinos, como los melones, son una de las cosechas más apreciadas por los jardineros experimentados. Un pepino retorcido es una señal de flojedad, por lo que algunos jardineros les ponen tubos de vidrio largos encima para asegurarse que saldrán bien rectos.

Cultivo

▸ Los pepinos se pueden cultivar de diferentes modos, tanto una como otra variedad. Si desea que crezcan sin ningún compuesto amargo, deberá evitar que crezcan demasiado. En los comercios encontrará ejemplares con alta calidad que producen solamente flores hembras y que fructifican sin polinización. Esto les permite crecer bien tapados.

La tierra más adecuada

▸ Los pepinos necesitan terreno enriquecido con estiércol o abono. Aunque aguantan estar sin agua, nunca debemos permitir que se sequen. En sitios protegidos, crecerán bien en la sombra.

La siembra

▶ Siembre cuatro semanas antes de la última escarcha de la primavera, a dos centímetros de profundidad, en grupos de tres ejemplares a siete centímetros. Cubra con plástico claro hasta que germinen. Proteja bien las plantas crecientes, replantando si es necesario. Las semillas también pueden ser directamente sembradas en los primeros días del verano, cubriéndolas con frascos para su protección.

El cuidado rutinario

▶ Riegue con frecuencia, pues la falta de agua es la razón más usual para que la fruta no se desarrolle.

La cosecha del producto

▶ Un pepino puede producir aproximadamente diez frutos.

Pestes y enfermedades

▶ Cubra los arbolillos con tapas flotantes y protéjalos de los escarabajos del pepino, pues llevan bacterias que lo marchitan. Evite las enfermedades plantando ejemplares resistentes.

Maíz dulce (*Zea mays*)

Los haces altos del maíz dulce proporcionan una visión auténtica de cosecha en un jardín. Es una planta majestuosa, antiguamente cultivada y de la cual se han encontrado cáscaras en cuevas de México y Perú, sugiriendo que las personas ya lo empleaban como alimento hace 3.500 años.

Los agricultores han estado trabajando mucho desde entonces para hacerlo crecer adecuadamente en climas norteños frescos, y el resultado es que mientras la variedad tradicional emplea más de ochenta días para alcanzar su madurez, un cultivo moderno madurará en menos de sesenta días. El maíz dulce temprano, sin embargo, no siempre es tan sabroso como el maíz dulce tardío. Lo mejor es mezclarlo con pepinos crecientes para hacer un mejor uso del espacio disponible.

Cultivo

▸ La polinización es la llave para que engorde, y para que el maíz dulce sea polinizado por el viento es mejor que se plante en bloques en lugar de filas. El polen masculino que llega a la cima de la planta tiene mejores oportunidades de alcanzar las borlas de seda de las flores hembras. Un nuevo «superdulce» se ha logrado cultivar, pero es algo más tierno. En ambos casos, hay que evitar la polinización cruzada con variedades no adecuadas que les harían perder alguna de sus buenas cualidades.

La tierra más adecuada

▸ El maíz dulce necesita un sitio caluroso y al sol, creciendo mejor en tierras fecundas y ligeramente ácidas.

La siembra

▸ El clima le dictará cómo debe proceder. En áreas calurosas, la semilla se pone en la tierra después de los últimos días de primavera a dos centímetros de profundidad. Ponga unas semillas juntas en cada nuevo punto, aproximadamente a 35 cm, y aparte las plántulas más débiles después de la germinación. La semilla no germinará con temperaturas por debajo de los 12 °C, pero puede usar una tapa flotante para calentar primero la tierra o frascos de vidrio puestos encima de las semillas para actuar como invernáculos en miniatura. En áreas con una estación corta, la semilla necesita una temperatura entre 18 y 21 °C, desde mediados de primavera, poniéndolas a no más de dos centímetros de profundidad. Asegúrese que estén duros los arbolillos antes de su trasplante.

El trasplante

▸ Coja las plantas cuando el peligro de escarcha haya pasado totalmente. Se recogen cuando tienen diez o quince centímetros, dejando una sola planta en cada sitio.

El cuidado rutinario

▸ Se necesitará agua en pequeña cantidad hasta que empiece a inflarse. El maíz dulce es muy tenaz en su apoyo, pero en zonas ventosas puede necesitar algo de tierra alrededor de la base de las plantas cuando sean jóvenes y tengan menos de 30 cm de alto.

La cosecha del producto

▸ No deje que se endurezca el tallo. Escójalos cuando las borlas de seda empiezan a broncearse y el jugo que rezuma de los granos, si lo aprieta, es lácteo. Úselo en la cocina tan rápidamente como le sea posible después de recogerlo. Los granos de azúcar se convierten en almidón muy rápidamente una vez que se recogen, aunque este proceso es más lento en la variedad «superdulce».

Pestes y enfermedades

▸ El gusano de maíz se come los granos de la cáscara.

Alcachofas y cardos (*Cynara scolymus & C. cardunculus*)

Una alcachofa tiene las credenciales dramáticas correctas para ser una estrella en el jardín de cocina. Con sus hojas verdes dentadas, grisáceas y vistosas, la grasa en los brotes más bajos y la parte comestible que mira al agricultor como si hubiera sido esculpida por los arquitectos del Partenón, nos encontramos con la más hermosa de las legumbres. Desgraciadamente, es tan sensible a las escarchas y al frío, que toda esa hermosura se puede convertir en nada en pocos días.

Los cardos son igualmente hermosos, pero ahora lo que debe comer de ellos son sus hojas de la base, no la flor.

Cultivo

▸ Las semillas secadas de la planta son muy inconstantes, y para que las alcachofas logren crecer mucho hay que emplear cabezas de flores muy buenas. Si deja los brotes demasiado largos antes de recogerla, la cabeza se abre como si fuera un gran cardo espectacular de color púrpura azulado.

▸ Las semillas para los cardos están generalmente disponibles en las tiendas especializadas de verduras o en las dedicadas a ornamentación, aunque es mejor emplear retoños. Tienen las cabezas de flor más pequeñas, más espinosas que la alcachofa, aunque se parecen mucho.

La tierra más adecuada

▸ La gran alcachofa crece bien en tierras costeras, con tierra ligera y clima apacible. Es probable que una combinación de tierras pesadas e inviernos fríos sea demasiado para ellas. Las áreas muy calientes son adecuadas pero las alcachofas necesitarán algo de sombra, aunque agradecen el pleno sol varias horas al día, lo mismo que los cardos. En climas frescos deberá recolectarlas rápidamente y su crecimiento será anual.

La siembra

▸ Deben emplearse solamente retoños jóvenes y tanto las alcachofas como los cardos se plantan superficialmente, con sólo la base debajo de la tierra, lo suficiente para mantenerlas erguidas. La raíz se desarrolla rápidamente y se encarga de sostenerla. Una vez plantados riegue bien hasta que se establezcan.

El cuidado rutinario

▸ Cuando los inviernos sean duros, proteja las plantas en un cobertizo adecuado y con paja. Cubra densamente con estiércol bien curado en primavera y tenga en cuenta que esas plantas no viven mucho tiempo. Después de tres o cuatro años reemplace las viejas con nuevos ejemplares que se habrán producido.

La cosecha del producto

▸ Espere aproximadamente diez alcachofas de una planta madura cada año. La cabeza debe ser grande, pero las escamas no muy alejadas del centro. Mientras las alcachofas todavía son jóvenes, el centro del tallo es muy suculento.

Pestes y enfermedades

▸ Las alcachofas y cardos están relativamente libres de enfermedades, aunque los áfidos pueden ser un problema. Los inviernos fríos y húmedos pueden pudrir las plantas.

Tomates (*Lycopersicon esculentum*)

Para el jardín decorado con verduras, los tomates al aire libre, ya sea en estaca a cordón o tipo arbusto, serán su primera opción. Son sencillos para manejar y el sabor de los cultivos caseros, sobre todo cuando tienen brillo por horas de sol, es excelente. Una vez plantado en tinas, en bolsas, o incluso en cestos colgantes, las variedades del arbusto pueden desarrollarse perfectamente. Si utiliza estacas altas, logrará un centro de mesa muy bueno para fines decorativos, sobre todo si aporta contraste cultivando las variedades amarillas, rojas y oro.

Cultivo

▸ Una vez realizada la siembra, tenga en cuenta que los tomates maduran de repente. Puede intentar que se reproduzcan algunos tipos indeterminados que consiguen ser larguiruchos y producir frutos durante largo tiempo.

La tierra más adecuada

▸ Encuentre un sitio soleado y fecundo, con la tierra bien estercolada que no se haya usado para crecer pimientos, tomates, berenjenas o patatas en la estación anterior. Esto reduce problemas de enfermedad.

La siembra

▸ La siembra se realiza dentro de las seis u ocho semanas antes de la última escarcha de primavera. Esparza la semilla suavemente en la superficie y cubra ligeramente con más mezcla. Es conveniente poner una envoltura de plástico para retener la humedad durante la germinación, y con una temperatura de 21 °C. Cuando las plántulas desarrollan sus primeras hojas, trasplántelas.

El trasplante

▸ Primero, las plantas deben endurecerse completamente fuera. Al plantar, ponga la porción más baja del tallo bajo tierra. Las raíces se formarán a lo largo del tallo sumergido y producirán un mejor crecimiento.

El cuidado rutinario

▸ Los tomates enjaulados necesitan poca atención, pero las variedades indeterminadas necesitan ser estacadas y atadas. Debe animarse a tratar de fructificar tipos indeterminados. El exceso de calor y la sobrealimentación tienen un efecto perjudicial en el sabor, y el riego irregular es la causa más común de putrefacción. Puede mejorar poniendo paja protectora. En tierra abierta, ningún alimento extra debe ser necesario, pero con las plantas en recipientes, sobre todo los cestos colgantes, hay necesidad de bastante agua y comida.

La cosecha del producto

▸ Espere recoger entre dos y cuatro kilos de fruta por planta. Para un mejor sabor, deje los tomates totalmente en la planta. En otoño, o cuando la escarcha amenaza, tape las plantas con plástico claro o similar. Esto animará a los tomates para continuar madurando a pesar del tiempo frío.

Pestes y enfermedades

▸ Los tomates son susceptibles a varios parásitos y se marchitan, así como a ciertos virus. Evítelo plantando variedades resistentes y rotando las cosechas.

VERDURAS CON VAINAS

El hábito de emplear los guisantes en las comidas como guarnición puede generar también un buen efecto decorativo para su jardín de cocina, especialmente si crea un túnel hecho con sus ramas o mediante un trípode. Las judías, con sus diferentes colores escarlatas y verdes, esperan retorcidas a que las emplee como decoración, lo mismo que los guisantes, que le servirán como apoyo para otras plantas menores. Todas las verduras con vainas son atractivas en flor, pero no todas son tan vistosas como los frijoles (judía trepadora) de color escarlata. El frijol ancho, aunque parezca tosco, tiene una flor delicada marcada con negro y blanco. Las vainas del frijol pueden ser purpúreas, verdes, cremosas o amarillas, y también rayadas. Una mezcla de especies le dará un toque de color estupendo a su jardín.

Guisantes (*Pisum sativum*)

Visitantes tempranos de Troya, se decía que allí era considerado como un manjar exquisito para los reyes. Hay datos que nos hablan de una despensa que contenía más 180 kg de guisantes que habían permanecido absolutamente conservados durante 3.000 años. Ahora hay algunos cambios, especialmente porque el guisante ha entrado ya en los jardines, abandonando los grandes cultivos.

Los guisantes instantáneos tienen vainas comestibles tiernas y los guisantes jugosos son dulces por dentro. Hay a quien le gusta comerlos sin la vaina y otros que prefieren comerlos con la vaina antes de que las semillas se inflen. Lo que debe hacer es encontrar algún tipo de guisante que le permita tener un arbusto pequeño con el cual podrá hacer setos vivos bajos, de aspecto informal, alrededor de las parcelas. Hay algunas variedades que crecerán hasta metro y medio y que le servirán perfectamente.

Cultivo

▸ Empiece a sembrar los guisantes cuando el tiempo se pone apacible en primavera. Si los planta demasiado temprano las semillas pueden pudrirse o permanecer inactivas. Cuando la primavera sea un hecho es el momento de la siembra, con intervalos de tres a cuatro semanas hasta principios del verano.

La tierra más adecuada

‣ A los guisantes les gusta positivamente el tiempo fresco, pero tolerarán temperaturas de hasta 27 °C. La tierra debe ser fecunda y bien excavada. Proporcionando humedad suficiente y algo de sombra, se desarrollarán correctamente.

La siembra

‣ Siembre a tres o cinco centímetros de profundidad y entre cinco y siete centímetros de separación. Si crecen en línea recta, quizá como un seto vivo, cave fuera una trinchera ancha de aproximadamente cinco centímetros de profundidad y la anchura de una azada. Ponga la semilla aproximadamente a cinco centímetros de separación, cúbrala con tierra y písela después. Protéjalo de los pájaros tejiendo una malla con alambre.

El cuidado rutinario

‣ Mantenga alguna forma de apoyo si quiere cultivarlo alto, un enrejado o lecho de ramas. Es conveniente deshojar parcialmente los guisantes y eliminar otras hierbas cercanas. Si usted ha usado alambre para tejer una malla para proteger las semillas, puede doblarlo en forma de V para apoyar los cultivos recientes y lograr que suban por él. En un potaje de jardín, pruebe los guisantes en combinación con frijoles anchos, que apoyarán la cosecha.

La cosecha del producto

‣ Espere unos cinco kilos de cada tres metros de fila. Recoja los guisantes con regularidad para animar a que se formen más. Recójalos cuando apenas sean visibles, como pequeños bultos. Cuando la cosecha ha terminado, deje las raíces en la tierra. El nitrógeno de los nódulos productivos ayudarán a enriquecer la tierra.

Pestes y enfermedades

▸ Los pájaros y ratones suponen la mayoría de las pestes serias.

Frijoles de colores escarlatas (*Phaseolus coccineus*)

Los frijoles de colores escarlatas crecen habitualmente en las montañas mejicanas junto con las dalias, begonias y lobelias. No hay ninguna razón por la cual usted no debe tener sus propios frijoles y sentirse satisfecho con ellos, proporcionando un sabor a sus comidas poco habitual en Europa. Los pájaros que polinizan las flores servirán para abreviar el suministro en la mayoría de los jardines. Afortunadamente, los abejorros han aprendido la idea de abrir los pétalos y han proporcionado un sistema eficaz para la propagación. Use frijoles de colores escarlatas que tienen un bajo precio y logrará con ellos una pantalla de verano de crecimiento rápido para su jardín. Ellos crecerán pronto hasta unos tres metros y, aunque ayudarles con un soporte sea lo más habitual, también puede dejarles que usen un árbol para trepar y retorcerse alegremente entre la clemátide y la capuchina de verano.

Cultivo

▸ Los frijoles de colores escarlatas, con sus flores de color escarlata y las semillas rojas y negras, son decorativos en cualquier jardín, pero también producen vainas en tiempo de calor. No darán fruto con temperaturas superiores a los 32 °C, por lo menos no hasta que el tiempo no sea más fresco. Ayude a mantener las raíces suficientemente húmedas. Evite usar insecticidas que dañan a los abejorros que polinizan las flores del frijol.

La tierra más adecuada

▸ Escoja bien el sitio que piense utilizar para sembrar los guisantes y prepárelo con seis meses de antelación, excavando masas de estiércol bien curado o abono. Los frijoles estarán pronto profundamente arraigados. Alguna sombra le será beneficiosa, con tal que la tierra sea fecunda.

La siembra

▸ No tenga prisa en sembrar directamente en la tierra, puesto que la temperatura de la tierra debe ser por lo menos de 10 °C para que las semillas germinen, lo que normalmente no ocurre hacia finales de la primavera. Caliente la tierra rápidamente cubriéndola con un plástico negro. Quite el plástico después de los últimos hielos. Salpique un poco de nitrógeno en el surco antes de plantar y eso ayudará a que su terreno sea más fértil.

El trasplante

▸ Los frijoles pequeños no los trasplante del semillero interior mientras haya cualquier peligro de escarcha. Recoja las plantas con quince centímetros y espácielas regularmente alrededor de la base de una cabaña india, una fila de palos o tejiendo una malla, o cualquier otro apoyo por el cual puedan subir.

El cuidado rutinario

▸ Riegue libremente, sobre todo cuando las plantas estén en flor. Cubriendo con pajote, ayudarán a conservar la humedad y controlar la cizaña. En climas templados, dé una oportunidad a la planta para que brote en primavera.

La cosecha del producto

▸ Pueden dar aproximadamente un kilo de frijoles de cada planta. Escoja las vainas antes que los frijoles hayan empezado a inflarse por dentro. Si usted deja vainas maduras, las plantas no producirán más.

Pestes y enfermedades

▸ Las enfermedades son raras, pero las flores no pueden tener temperaturas altas. Riegue atentamente.

Judías verdes (*Phaseolus vulgaris*)

Los frijoles franceses no son muy franceses y los de color escarlata son americanos que llegaron a Europa por los conquistadores españoles. Estos frijoles, según escribió al botánico John Gerard, «hay que comerlos justo antes de que estén maduros, y untarlos con manteca, ser comidos junto a bacalao o con carne tierna». Las judías verdes pueden subir o pueden crecer como arbustos. Pueden ser planas o con vainas redondas. Pueden ser verdes, púrpuras, amarillas o muy manchadas como en la vieja variedad holandesa «Lengua del Dragón», que tiene color crema y púrpura. Pueden comerse cuando están verdes en una vaina joven y suculenta o permitirles madurar y entonces secarse.

Cultivo

▸ Suelen crecer anualmente de manera rápida, pero es una pérdida de semillas sembrarlas en frío, con la tierra húmeda. Algunas variedades necesitarán estacas u otro apoyo, pero las variedades de arbusto compactas que se encuentran en los jardines o en ollas no necesitan apoyo extra.

La tierra más adecuada

▸ A las judías les gustan la tierra rica, ligera, que puede ser neutra o ligeramente ácida. Crecen mejor en una posición soleada.

La siembra

▸ Siembre las judías fuera de las últimas escarchas de primavera y con la temperatura de la tierra a más de 15 °C., aunque hay algunas variedades que toleran tierras frescas. Replántelas a las dos o tres semanas hasta la canícula, cuando quiera una gran cosecha. Ponga las semillas a tres centímetros de profundidad, en filas, para que las plantas crezcan aproximadamente a 23 cm. Germinarán en una o dos semanas.

El trasplante

▸ Riegue abundantemente los trasplantes.

El cuidado rutinario

‣ Ponga fertilizantes a la tierra de alrededor de los tallos de las plantas jóvenes cuando estén creciendo. Mantenga la ayuda a las trepadoras y a los arbustos que tiendan a inclinarse abrumados por el peso de las judías. Mantenga la tierra húmeda a lo largo del sembrado que crece, sobre todo cuando las plantas entran en la flor.

La cosecha del producto

‣ Espere recoger cuatro kilos de judías por unos tres metros de fila. Para las judías frescas, escoja las vainas que estén jóvenes. Para lograr judías secas, deje las vainas en la planta hasta el final. Cuelgue los tallos hasta que las vainas estén ya secas, y guárdelas en frascos herméticos.

Pestes y enfermedades

‣ Las mismas que para los demás frijoles.

Habas (*Vicia faba*)

Antes de las patatas, tanto los frijoles normales como los frijoles anchos (habas) habían mantenido su liderazgo como aporte calórico, desarrollándose en las partes más frescas de Europa. Aunque nunca han sido tan populares como en América del Norte, las habas son en cambio una buena alternativa a la comida tradicional. Las habas son útiles en un jardín de verduras decorativas, porque crecen bien durante las estaciones frescas y pueden disiparse para hacer sitio a otra verdura, como la col ornamental o el brécol, beneficiándose éstas de los nódulos de nitrógeno que dejan en la tierra las habas.

Las plantas que desarrollan pueden ser altas o cortas, dependiendo del cultivo. Todas tienen follaje negro fragante y flores blancas.

Cultivo

‣ Las habas son la especie más robusta de la familia del frijol, y en climas apacibles pueden sobrevivir al invierno, si los ratones y pájaros lo permiten. Muchos jardineros usan habas como una cosecha de invierno. Siembran en otoño, agregan el nitrógeno todo el invierno, y entonces en primavera se trabaja la tierra para agregar materia orgánica. En climas fríos, es mejor esperar hasta la primavera para plantar.

La tierra más adecuada

▸ Las tierras profundas, pesadas, producen cosechas mejores, pero la tierra no debe ser anegada. Las habas crecen mejor en una tierra que sea neutra o muy ligeramente ácida (pH 6-6,5). No las ponga a crecer en el mismo lugar hasta después de dos años, pues si lo hace aumentarán sensiblemente las enfermedades en la tierra. Para aumentar la fijación del máximo de nitrógeno, puede rociar los surcos de la tierra antes de cubrir las semillas. El nitrógeno que detiene a las bacterias está disponible en paquetes pequeños en casas especializadas.

La siembra

▸ Las semillas son grandes y pueden plantarse con una paleta o azada. Póngalas aproximadamente a tres centímetros de profundidad, a intervalos de 23 cm, en filas que también sean de 23 cm. Las habas germinan bien a temperaturas bajas, pero las cosechas mejores las obtendrá bajo una fila tapada. Siembre unas semillas extras al final de la fila para rellenar cualquier agujero.

El cuidado rutinario

▸ Ésta es una cosecha fácil, y las plantas son tan vigorosas que ellas mismas detienen todas las cizañas más perniciosas. No obstante, necesitan apoyo por las formas más altas. Ponga postes en los extremos de una fila con cordones estirados. Los cultivos pequeños pueden sostenerse con longitudes cortas de ramitas tumbadas. En tiempo caliente, las plantas pueden estancarse y negarse a poner vainas. Deles algo de sombra ligera y la humedad suficiente hasta que la temperatura refresque.

La cosecha del producto

▸ Espere aproximadamente nueve kilos de habas de unos tres metros de fila, algo menos si usted los come cuando están frescos, antes de que la piel se haya puesto coriácea y cuando la cicatriz en el borde del haba todavía es blanca o verde. También pueden recogerse las habas y comerse todo. Escójalas cuando no sean mayores que su dedo meñique.

Pestes y enfermedades

▸ Las peores pestes son los áfidos, agrupados en las puntas durante el calor. Saque fuera el retoño junto con su colonia de áfidos. Si usted siembra en invierno o principios de primavera, la planta se adelantará bastante por la canícula y necesitará tener más cuidado con las plagas.

FINAL

Como indica el título de este libro, la finalidad esencial era lograr que usted pudiera tener unas macetas o un jardín, o ambas cosas, en perfecto estado de salud y fertilidad, simultáneamente con una presencia hermosa y que le sirva de orgullo. Para ello hemos procurado hablarle en un lenguaje sencillo y no exigirle que se convierta en un experto en botánica o técnicas agrícolas. Usted probablemente es un sencillo aficionado a la jardinería y nunca ha pretendido impresionar a nadie con sus conocimientos. Si es así, le recomendamos que repase este libro más de una vez y lo utilice siempre como método de consulta cuando le surjan problemas.